技术的风口

走向变革的中国电视新闻

张原　著

中国社会科学出版社

图书在版编目(CIP)数据

技术的风口：走向变革的中国电视新闻 / 张原著 . —北京：中国
社会科学出版社，2017.11（2018.7 重印）
ISBN 978-7-5203-1608-8

Ⅰ.①技… Ⅱ.①张… Ⅲ.①电视新闻-新闻工作-研究-中国
Ⅳ.①G229.2

中国版本图书馆 CIP 数据核字（2017）第 288046 号

出 版 人	赵剑英	
责任编辑	宫京蕾	
特约编辑	李淑红	
责任校对	秦 婵	
责任印制	李寡寡	

出　　版　中国社会科学出版社
社　　址　北京鼓楼西大街甲 158 号
邮　　编　100720
网　　址　http：//www.csspw.cn
发 行 部　010-84083685
门 市 部　010-84029450
经　　销　新华书店及其他书店

印刷装订　北京君升印刷有限公司
版　　次　2017 年 11 月第 1 版
印　　次　2018 年 7 月第 2 次印刷

开　　本　710×1000　1/16
印　　张　12
插　　页　2
字　　数　190 千字
定　　价　48.00 元

代　序

技术风口中的电视新闻
更需沉淀、反思与创新

电视新闻是技术的产物。无论是 1936 年德国柏林奥运会的电视现场转播，还是出现在 1939 年纽约世界博览会上的电视机，电视新闻在新技术的名义下为人类打开新的视窗。电视新闻的发展之路虽因二战而停滞，但人们身居家中、眼观世界的愿望并没有消失。百尺竿头、厚积薄发的电视技术在战后以一日千里的速度喷涌发展，1954 年 NBC 率先播放的彩色电视节目，1962 年"电星一号"开启的越洋电视节目传播，70 年代开始的卫星直播技术及有线电视带领电视节目在媒体界独领风骚近半个世纪，为人类的文化记忆书写了浓墨重彩的众多篇章。

但新世纪是互联网的天下，电视早已被划入"传统媒体界"。传统并非消亡，依凭技术推陈出新的电视似乎仍在媒介的风口浪尖：液晶电视、网络电视、3D 电视以及现在数不胜数的诸多新科技——HDR、Quantum Dot、多系统智能电视、8K 分辨率——都让我们这些电视人惊艳。然而，我们不得不承认，传统的电视新闻节目在互联网时代的竞争力不从心，电视机成为家居摆设，未来的观众在移动互联网下逐步远离电视，这样一想，不免产生"人老去西风白发，蝶愁来明日黄花"的感慨。这也是为何多数电视新闻人想到电视的诞生日就唏嘘不已的原因——1936 年 11 月 2 日 BBC 在伦敦郊外的亚历山大宫以一场盛大的歌舞开始了电视的正式播出，而万人空巷观看电视的场景早已成为历史。

中国的电视新闻起步晚，但发展速度、节目类型、观众规模都毫

1

不逊色。从饱含精英主义美学追求的《东方时空》，到向大众文化不断靠拢的《南京零距离》，再到现在层出不穷的各类真人秀节目，新闻与娱乐、电视与消遣、真相与假象的边界逐渐模糊，再考虑到日益变幻的新媒体环境，技术在场压缩时空使我们处于线性时间断裂和面状时间断层——我们拥有一切，却又一无所有；我们处于世界中心，却又丧失了历史感、现在感与未来感。"处在技术风口的中国电视新闻应该何去何从"这一问题无疑会让诸多电视新闻人心中沉重、莫衷一是。作为混迹电视新闻界多年的一名高校教师，我认为张原的这本书给出了很好的答案：在此风口，我们更需要沉淀、反思与创新。

沉淀即历史的回顾和对范畴、功能的重新深入认定。技术与内容是电视新闻传播的两面，但内容偏于游离、技术及形式逐步固化，让这一媒介化现象难免走向传媒艺术的反面，即人的主体地位被遗失。从改变世界的"新媒体"到其对立面，中间经历了什么？未来如何发展？张原带领我们细数其间的理想光芒、杰出人物、卓越节目，重新认知电视新闻的概念、历史、类型、角色和功能，这对于理解来路、寻求支柱、探索未来的意义重大。

反思即思辨的认识和理性的定位。电视是大众传播的代表，即使搭载"新闻"这一稍显郑重的词汇，仍免不了娱乐与喧嚣的批判。此外，技术演进下带来的更逼真的观感体验、更全面的数据分析、更生动的观点传输，是否意味着我们切实拥有了真相？我们的眼之所见是否是真之所在？张原从思辨的认知角度出发，结合被限制的社会功能、社会学视域下的责任选择与文化工业中的审慎批判，为我们认识中国的电视新闻带来深入和新颖的视角。

创新即学术对技术的探究。新闻界尤其是电视新闻界，学界对业界的新动态往往亦步亦趋，遑论创新的引领，这由诸多因素导致，在此不再细述。值得庆幸的是，本书找到了学界新的创新引领点：在被压缩的话语空间和被挤压的话语权下，基于现存技术、现有构成进行总结反思与发展路径描述，如从理念和技术两方面探讨电视数据新闻的双重突破，从语态转型的技术路径探讨直播新闻的发展思路，在"后记者时代"从机构化视角探究电视新闻从业人员的角色定位，及从融合与创新角度回答电视新闻的变革与未来，为我们以学术眼光引领业界发展带来创新的新思路。

张原在媒体界从业近十年，后转入学界在高校任教十余年，她对新闻传媒认知的敏锐性、深入度和温文尔雅的谈吐让我印象深刻。作为相识数年、年龄相仿且同样对电视新闻热爱至深的学界中人，我在她的书中看到了变幻的媒体环境中的镇定姿态、理想光芒和理性声音，也看到了从扎实的理论层面、广博的现实层面和未知的未来层面剖析中国电视新闻的勇气和担当。然而，在技术的风口，走向变革的中国电视新闻未来何去何从？谁都无法给出明确答案。但可以肯定的是，正如 1939 年纽约世博会中让世人瞩目的电视机改变了此后人类的视界一样，其主题也激励着此后的每一个电视新闻人"明天的世界和建设"。中国电视新闻能为明天的世界和建设做何贡献？无数可能的缔造源于你我的思考与改变。

是为序。

周勇

2017 年 7 月于北京

目　　录

在人类传媒发展的历史进程中，电视的产生无疑具有重大意义。尽管伴随着大量争议、批评、质疑之声，但是电视之于整个人类社会发展和变迁的影响力却依然强大。众多新媒体的出现，就像电视产生之初带给传统媒体的冲击一样，令这个传媒巨人受到了前所未有的挑战。

技术层面的恐慌往往源于我们对于新生事物的未知，但这只是一种表层的、暂时的迷茫。在本质上，电视媒体应该、也必将用内容与形式的重新整合和构建，以更丰富的方式与新媒体发生内在的关联。媒介融合对于电视而言，既是推动其发展的外在动力机制，也是谋求自我存在的主动选择。

第一章

电视新闻的历史、范畴与功能

第一节 历史框架下的电视新闻

媒介的构成通常体现在两个层面：技术与内容。因此，对于媒介的判断和认识常常也依循这样的逻辑。而这两者之间又在彼此的逻辑中寻求各自的存在方式，表现出相生相伴的依赖性和整体性。从这一意义上看，电视新闻就具有区别于其他媒介新闻的独立价值和身份特征。与此同时，在电视地位的确立过程中，电视新闻具有不可替代的作用。正是电视新闻，使这个曾经备受争议的媒体，终于走出了人类使用媒体的"孩童"时代——玩具性器物时代，走入到工具性乃至艺术性时代。对于电视媒体本身而言，电视新闻帮助其完成了自我身份的建构，使它踏入更广阔的社会视野中。

一 电视新闻发展的历史路径

1. 美国电视新闻的发展历程

第一阶段（20 世纪 40 年代），电视新闻的起步阶段

尽管当下电视新闻是电视媒体中最不可或缺的中坚力量，但在电视媒介发展的最初阶段，娱乐节目在电视媒体中可谓一家独大。"1945 年第二次世界大战一结束，美国的 NBC（美国全国广播公司）、CBS（哥伦比亚广播公司）与 ABC（美国广播公司）三大广播公司，立即在电视领域展开了新一轮竞争。他们都感到一场新的传播革命即将到来，都竭力将电视

推到广播事业发展的前沿。"① 这些早期的电视综艺节目大都是电台直播节目的翻版，特别是最受欢迎的电台广播剧和话剧发展成了最早的电视剧，被包装成晚间的黄金时段节目，如《贺轩名人堂》《卡夫电视剧场》等。但是这个时期的节目往往比较粗糙和低劣，它们以廉价的大众娱乐化的姿态吸引了大批观众。因此，虽然电视媒介一出世就对传统的电影、报纸、杂志等传播媒介以及剧院、夜总会、酒吧等娱乐行业产生了巨大冲击，甚至影响了人们的生活方式，但是作为一种文化产品和文化行为，观看电视却被当时很多有分量的知识分子视为羞于启齿的个人行为。

事实上电视所掀起的这场大众文化的风暴才刚刚拉开序幕，它带给人们一种前所未有的精神体验，体现出对工业化时代的文化阐释能力和解读能力。

然而这场大众文化的全民狂欢在媒介逻辑的框架内，在其发展的初期却表现出媒介传播能力的有限性和局促感：由于受到媒介技术条件的限制（早期电视节目通常按照新闻纪录片的模式生产，即先用电影胶片拍摄，然后冲洗、剪辑，最后播出），早期电视新闻只能播出那些可以预先准备的新闻，而且由于制作周期长且成本高，既难以满足受众对新闻的基本要求，也不能够体现新闻的本体价值，因此电视媒介成了大众传媒信息传播中最微不足道的一分子。这种对传统媒体的依附性地位和"乡巴佬"形象，直到 20 世纪 60 年代才得以改观，其中的原因不乏这几种因素：技术的进步、社会环境的制导性和文化的需求。

第二阶段（20 世纪 60 年代至 80 年代），美国电视新闻的繁荣时期

技术的创新进一步拓展了媒介传播能力的提升和挖掘，正如《新闻周刊》在 1943 年 3 月 4 日对电视新闻的认识一样，"电视作为新闻报道的手段是没有争议的"。② 在技术的强大动力之下，电视新闻沿着技术进步有迹可循的道路成就了电视以及电视新闻自身。便携式摄像

---

① 李彬：《全球新闻传播史》，清华大学出版社 2005 年版，第 363 页。

② 同上书，第 36 页。

机、通信卫星、有线电视网、直播等等一系列电视内容制作工具和技术的突破，为电视新闻的全面繁荣提供了必要的技术条件。到20世纪50年代，电视产业在美国市场上已占相当比重，此时，美国三大广播公司看到了电视新闻巨大的潜力，开始不遗余力地扩展其版图。电视新闻节目的数量和影响力迅速提升，《现在请看》（See It Now）、《60分钟》（60 Minutes）等著名的电视新闻节目开启了电视新闻的黄金时代。到20世纪60年代中期，尽管娱乐节目仍然在晚上的黄金播出时间占据主要优势，但是电视新闻已经成为美国各大广播公司最核心的内容和灵魂。"新闻节目是整个电视网凝聚在一起的黏合剂。除非新闻节目独占鳌头，否则整个电视网是绝不会首屈一指的。"[①] 20世纪60年代可谓是美国的多事之秋，但在美国电视的发展过程中，整个社会的动荡为电视提供了现实场景。电视开始不断触及新闻现场的最前沿，以其特有的传播方式呈现了新闻的另一种表达样式——现场感。电视建构了美国民众对外部世界的认知，同时也重构了美国民众对外部世界的认知方式。此外，出于政治上的更多需求，在美国总统大选中，电视的宣传作用日益凸显出来。肯尼迪由于与电视媒体特别的友好关系和经历，以及自身善用媒体的能力，被称为"电视总统"。这也开启了电视新闻介入美国总统竞选的新时代。在1963年肯尼迪总统遇刺的新闻现场，美国电视用长达10小时的直播开启了电视新闻传播的新时代，以至于在其后的越南战争、伊拉克战争中，电视媒体极尽可能的新闻报道，无论从新闻媒介本体，还是新闻对现实世界的呈现，都具有划时代的意义。电视新闻的这种价值，从社会层面、经济层面使电视媒体走出了单纯娱乐的狭隘空间，这也成为20世纪后期全天候新闻媒体兴起和发展，以及在资本权力扩张背后的电视传播格局变迁最好的注释。

在早期电视娱乐节目确立自己作为美国新的大众媒体的基石地位之时，电视新闻节目已经形成了自身的发展路径和独立身份，并显现出对美国的意识形态、政府和政治产生重要影响的潜力。在社会系统

[①] 李彬：《全球新闻传播史》，清华大学出版社2005年版，第371页。

的全面运行中,媒介与社会之间的关系总是颇为复杂的。不论是以媒介中心论还是社会中心论的视角,从本质上讲,它们彼此之间相互影响和相互作用的力量,事实上都要比其中任何一个绝对立场的单一视角更为全面。电视新闻之所以能够获得发展的机遇,除去技术层面带来的诸多优势,还得益于社会环境对它发展的包容性,这其中包含社会对电视新闻的需求以及社会现实为电视新闻传播创造的可能性。因此社会环境赋予了电视新闻向更纵深方向发展的机遇——电视新闻可以从政治、社会、意识形态等方面对现实生活进行多角度的介入和建构。

2. 中国电视新闻的发展历史

中国电视新闻自 1958 年至今,走过了"从口播到录播再到直播,从短片到栏目再到频道,从慢、长、空到快、新、活"的历程①。直至当下,在媒体融合的动力下,电视新闻体裁不断向多元化和丰富性迈进,中国电视新闻从相对封闭的政治空间逐渐向开放的社会公共空间转型。中国电视新闻在自我建构中完成了新闻理念、内容创新、采制技术、传播方式、制作模式的突破和完善,以此确立了电视新闻在中国新闻传播中的独特价值和不可取代的影响力。

从发展历史上,可以把中国电视新闻分为四个阶段。第一个阶段(1958—1978 年),这一阶段电视新闻主要以时政宣传为主。在这一时期,电视在中国的普及率较低且受电视技术条件的限制,电视新闻的采制和传播较为艰难,特别是受到政治环境的影响,电视新闻的发展一度受到了严重的冲击。第二个阶段(1978——1992 年),在这一时期,伴随着改革开放的步伐,中国电视新闻获得了较大的发展空间,同时其自身也作为一种改革的力量,在报道内容和形式上积极拓展,经济新闻、舆论监督报道、新闻评论等成为电视新闻中的主流。从社会价值来看,新闻信息的传播、舆论监督功能的凸显,为电视新闻赢得社会认可提供了坚实的社会保障和基础。第三个阶段(1993—

---

① 岳淼:《中国电视新闻节目发展史研究(1958—2008)》,厦门大学出版社 2009 年版,第 1 页。

2010 年），是中国电视的高速发展期。这一时期，在媒介产业化、文化需求多元化、是媒介体制改革等多重动力的推动下，中国电视新闻进入了发展的黄金时期。电视新闻在传播技术、话语形态、社会价值观、文化审美取向上都体现出了新的突破，具有巨大的社会影响力。直播、深度报道、新闻评论等传播方式对新闻多角度、深层次的开掘，激发了新闻作为社会建构力量的内在动力。但与此同时，在商业价值的影响下，电视新闻也呈现出新闻娱乐化的倾向，追求社会正义的严肃性、理性，与商业利益下的低俗化、娱乐性之间的权衡与较量，同时存在于这一系统中。第四个阶段（2011 年至今），中国电视媒介融合发展的阶段。新媒体对电视的冲击从时间节点上应该更早，但是在此之前它们还不具备撼动中国电视地位的能力。从 21 世纪第二个 10 年开始，新媒体给电视新闻传播带来的冲击变得越发强烈，同时中国电视新闻开始进入到侧重技术革新推动内容生产的发展期，这与整个中国新闻改革的时代逻辑也紧密相关。从电视新闻传播新媒体渠道的建设到"中央厨房"的投入使用，以及新闻内容产制技术手段的创新，媒介融合的深度和广度都在内容层面获得了具体落实，但是技术变革所带来的不确定性所引发的新闻理念和价值体系的重新建构，又使这一过程呈现出鲜明的动态性，使之成为未尽的话题。

尽管中国电视新闻与西方电视新闻有着不尽相同的发展路径，但在发展历程中却有着类似的困顿，比如新闻的娱乐化现象、收视率的价值导向、电视文化的负面性、新闻伦理的重建等等，都是电视新闻自身目前尚未解决的问题。与此同时，作为一种技术和社会需求的产物，电视新闻在不同的社会、政治体制中又体现出媒介技术对内容生产的强大影响力，媒介技术成为探讨电视内容生产的重要维度和语境。

电视新闻以一种特别强大的力量进入我们的视野当中，人类在震惊于它对于新闻超乎寻常的表现能力之时，也迅速将其纳入各自的利益格局中为我所用。电视新闻是在与各种利益的权衡、对峙、妥协中不断完善自我的本体价值和身份建构，最终在整个社会历史发展的长河中，以明晰的身份和角色成为与现实世界沟通的"中介"。

第二节　媒介融合时代对电视新闻概念的思考

2015 年 11 月 13 日，一个平常的周末被一个突如其来的新闻打破：法国巴黎当地时间 11 月 13 日晚间，巴黎南部的巴塔克兰音乐厅、市中心的柬埔寨餐厅和北部的法兰西体育场发生多起恐怖袭击，至少造成 128 人死亡。中央电视台在滚动播出的节目《新闻直播间》中，用一条 1 分 14 秒的视频新闻展现了恐怖事件发生后十二小时内的新闻现场，新闻栏目命名为《最新闻》。这条新闻没有任何画外音，通过后期编辑，用镜头梳理了十二小时内的关键节点，与此同时，主持人配发了新闻评论《国际社会正经历恐怖主义回潮》。这条新闻通过对时间空间的浓缩突出了它的新闻价值所在，即宏观上的整体性和全局性。这种后续性的新闻报道，往往跳出了新闻与现场报道的单一语境，将散落在时间空间上的现场新闻重新组合，更能以全局性的视野捕捉不同新闻落点的新闻价值，充分而恰当地展现了新闻的社会价值和媒体观点。这个案例似乎并不能完全说明什么是电视新闻，只能证明电视新闻是进行新闻报道的一种重要方式和报道视角。其实，如果我们从这一内容表述的背后反观，就会发现所有无法用语言去描述的细节，恰恰证明了文字语言难以直观地呈现电视新闻特殊的表达方式，即视觉化。视觉化本身是人类超越自身传播能力的一次飞跃，所以它是与媒介技术特征连为一体的。因此对于回答什么是电视新闻，就应该包括技术和内涵两个方面。

对于电视新闻的定义，可谓众说纷纭，见仁见智，中外学者给出的定义不一而足。定义的价值在于它可以对事物的外延和内涵作一个明确的规定性表述，而使其与他者有清晰的区别和科学的规范化。但电视新闻的定义面临困境，我们很难像其他学科一样，做到严谨、明确的界定，这也导致了其定义的多样性："电视新闻是用电视作为传播媒介对新近发生或正在发生的政治事件或社会事件的报道。""电视新闻是借助电视传播的视听符号，对变动的事实的及时报道。""电视

7

新闻是凭借电视媒体传播的新闻。"事实上，这些概念的表述，有以下两点共性：

第一，都强调和突出电视新闻的技术手段，也就是说这种新闻的制作、传播首先依赖于相关的技术手段；第二，电视新闻的本质是新闻，所以要把它放在新闻的范畴中去讨论。这说明学界对这两点是有共识的，同时这两者所形成的交叉性又使电视新闻与其他媒体新闻类别有所区分。因此，我们就采用全国电视学研究委员会主持完成的"电视新闻节目分类与界定"研究项目中对电视新闻的界定，这也是目前国内对电视新闻比较统一的界定："电视新闻是以现代电子技术为传播手段，以声音、画面为传播符号，对新近或正在发生、发现的事实的报道。"这个定义特别强调了电视新闻的传播符号，其内涵仍可视为是技术层面的。伴随着媒介技术的发展，电视新闻在新闻本体上的尝试也变得更为丰富，因此，本书尝试在电视新闻这个狭义的概念之外，从宏观范畴描述当下电视中所涉及的新闻，与前一概念的相同点在于同样以技术和内涵为支点。

在探析电视新闻的发展历史时，我们不难看到技术对于电视新闻的影响和制约，正是因为技术条件所限，使电视无法完成对新闻内涵的阐释。但是也恰恰因为技术的发展，使电视新闻具有了超越以往传播媒介传播新闻的能力。因此，伴随着现有电视技术手段的进步，那些在现代电子技术基础之上，或与其他技术融合而制作出的新闻，都应该被视为电视新闻的范畴。在过去对电视的界定中，并没有特别重视媒体的传播终端，这是传播研究链中重要的一环。在新媒体出现以前，电视新闻始终在电视机中播出，这是在当时条件下的唯一选择，但是今天，移动终端的出现打破了电视机的垄断地位，那么出现在移动终端的电视新闻应该属于网络新闻还是电视新闻呢？这个问题我们可以回溯到电视的制作者，或叫传播者去解答它。这类被移植到新媒体上的新闻依然应被视为电视新闻，因为制作的技术没有发生改变，传的符号也没有改变，同时新闻生产的理念也是以电视技术为逻辑的，因此，不论这种新闻产品接入哪个媒体中播放，其作为电视新闻的内涵都没有改变。

从内涵上来界定电视新闻，即便是对事物性质的认知，同样也离不开对媒介技术的参考。首先，电视新闻是新闻的一种类型，这是毋庸置疑的。因此，它应该符合"新闻是对新近发生事实的报道"的基本标准，这其中就包含了新闻价值、新闻专业主义、真实性等核心内容。但是由于电视传播的技术革新，使以往新闻采集的后置性发生了改变，也就是电视新闻可以做到对一些新闻事件进行同步传播，将新闻报道与事件发生的时间差缩小到极小的范围内。电视新闻本身所带有的时代性、技术特征使我们对传统的认知具有一定的突破性，但是基于新闻专业理念的核心价值观，依然是电视新闻遵循的本质性规律。其次，从类别上来讲，按照内容进行分类，电视新闻应该有民生新闻、时政新闻、经济新闻、娱乐新闻等；按照播出的时间则应该有早间新闻、午间新闻、晚间新闻；按照新闻的体裁则应该有解释性新闻、深度调查新闻以及消息、新闻特写、新闻评论等；按照播出的形式还可以有电视新闻直播、新闻录播。

在媒介技术和新闻理念的基本框架下，我们简要勾勒出电视新闻的大致范畴，以期为电视新闻节目的解读提供一个良好的基础。受到生产机制的影响，电视新闻的生产大多是在电视新闻节目的框架下完成，所以这两者之间又有着载体与内容之间的关系，而非仅仅是表面上的同类项。

第三节　电视新闻社会功能的批判性认识

大众传媒在现代社会发展中的作用与日俱增，对于这种相关性，社会学家和传播学者将其置于功能主义的框架中进行学理阐述。这一理论为我们解释媒介与社会的内在关系提供了一个非常有效的方法，它简单明了，又具有现实性和说服力。在传播学引入中国的近四十年中，有相当多的研究者利用此种理论阐发大众媒介的社会性，但由于缺乏对功能理论的整体性关照，也使这种阐述大多停滞在极其微观的层面，陷入现象解读的固定模式当中，而且多为描述性的、重复性的表述，也使这一理论成为一种僵化的套路，缺少理论延展的新意和批判精神。因此，我们要在新的时代背景下，以历史和问题的眼光挖掘功能理论的当代性，激发出它内在的丰富性，使其成为一种活的理论。

1948年，政治学者拉斯韦尔在他的论文《社会传播的结构与功能》中明确提出了传播的社会功能理论。他认为传播具有三种功能：监视环境；协调各部分以回应环境；使社会遗产代代相传。他的学生赖特又补充了第四种功能——娱乐功能。至此，在后续的研究中，就将这四种功能作为一个纯粹的框架或技术手段，不论哪种大众传媒都可以在这里找到自身的作用，全然不顾其探讨的时代背景和理论出发点，从而使这本来充满丰富内涵的理论走向了模式化、语录化的断裂。我国学者胡翼青认为，这一理论产生于第二次世界大战结束之后的特殊时代与拉斯韦尔自己的政治立场和倾向，"作为一名政治学者，拉斯韦尔深深地陷入了美国的政治进程，似乎更为自觉自愿地受到政府和主流意识形态的摆布——他直接把反对共产主义意识形态和维护美国主流价值观和美国精神作为自己后半生的重要职责，成为冷战中反共最为坚定和最为活跃的学者之一"[1]。传播功能理论可以被视为他思想立场的直观体现，因此，这一理论从本质上讲是意识形态思想。特别是作为一种服务于美国社会控制的意识形态工具，"完全是一种单向度的意识形态思想"[2]。学者高海波"更愿意将《社会传播的结构与功能》看作传播学的冷战宣言，而不是传播学的独立宣言"[3]。批评者们在这种学术自醒的思辨中更加尖锐地指出经过了时代和社会的历史变迁，传播功能理论"在当今这个多元化的社会早就破产了，变成了一种过时的经验哲学，然而我们还把它当作一种普适性的规律

---

① 胡翼青：《超越功能主义意识形态——再论传播社会功能研究》，《现代传播》2012年第7期。

② 同上。

③ 高海波：《美国传播学的"冷战宣言"——重评拉斯韦尔的〈社会传播的结构与功能〉》，《国际新闻界》2009年第2期。

加以研究和维护"①。这种学术争论打破了我们对传播功能理论全盘接纳的惯有思维，为我们重新回到理论原点，更为全面深刻地对它进行认识和把握提供了十分有益的帮助。

此外，西方学者在论及功能理论时，也注意到了它的不足之处：它属于一种循环论证。它假定任何存在的东西，在某些方面必定能够符合社会体系运作的需求，但没有方法来独立证明媒介的某些特征是否具有必要性。也就是说大众媒介的存在是因为满足了社会的某种需求，这是一种合理的、必然的结果，但是却无法找到科学的方法去证明这些存在的必要条件为何。这也使这一理论陷入到一种循环中，假定所具有的必要性就是应该与某种社会需求达成一致。这也是社会学者默顿等人后来关注到的，即在功能理论中只看到那些合理性的存在，却忽视了那些意外的、冲突的存在，而这恰恰是非常重要的内容。与此同时，西方一些学者，如丹尼斯·麦奎尔并不认为功能理论具有政治色彩。在他的主要著作《麦奎尔大众传播理论》中他认为，虽然这一理论没有政治色彩，但是却符合社会生活机制中多元主义以及自愿性原则。同时，由于将大众传播媒介视为一种维护社会秩序而不是一种变革的力量，因此它又是保守的。在这点上，与国内学者的认识则是一致的。

虽然我们对功能理论的使用未曾减少，但是相关的论争与讨论也从未停止过。尤其近年来，在经过对功能理论的全盘接纳后，开始转入到反思与批判的理解中。基于不同的学术主张和社会背景，中外学者对功能理论的认识和评价不尽相同，这不仅有助于我们对该理论有更准确和深入的把握，也为我们在社会与媒介变迁的动态过程中，重新阐释和思考媒体的社会价值开拓了新的视角和分析层面，也有益于这一逐渐走向封闭化的、套路式的理论重新体现它的时代性和丰富内涵。

在媒体的发展历程中，它始终在寻找与社会的对话与对接，并在

___

① 高海波：《美国传播学的"冷战宣言"——重评拉斯韦尔的〈社会传播的结构与功能〉》，《国际新闻界》2009 年第 2 期。

此历程中，媒介完成了自我价值体系和内涵的塑造。事实上，谁也无法否认这种内在的关联性和相互适应性。功能主义找到了一种可以被社会认知和理解的话语方式去解读这种内在的、潜在的关系。因此，功能主义的优势体现在"尽管存在许多困难，功能主义方法对于描述一些问题似乎还是有用的，它为讨论媒介和社会之间的关系以及一套已经证明是难以避开和代替的概念提供了一种语言体系。这一体系具有在很大程度上被大众传播者自己和其受众认同并广泛受到理解的优势"[①]。这也是今天我们依然延续这样一种理论，主张关注媒介与社会关系的重要原因所在。而且在新的媒介环境下，更应该反思它的价值和局限性。

电视新闻的影响力和传播效果，近年来受到新媒介的巨大挑战。原本的绝对优势有所下滑，这与传播方式、受众接受信息方式的改变有很大关系。尽管如此，电视新闻在重大新闻和公信力方面的地位依然不可撼动，这也是电视几十年来的重要资源和长期积累。国家新闻出版广电总局发展研究中心发布的《中国视听新媒体发展报告（2013）》显示，新媒体给传统广电媒体带来巨大冲击：北京地区的电视开机率从3年前的70%下降至30%，且收看电视的主流为40岁以上的人群。与此同时互联网为电视新闻带来暴风骤雨。数据显示，截至2013年3月，全国共有608家机构获批开展互联网视听节目服务。其中，广电机构占33.5%，非广电国有媒体机构占14.7%，非媒体类国有机构占17.3%，民营机构占34.5%。也就是说，目前有三分之一的视听新媒体来自于传统广电机构。对于同时收看网络视频和电视的"双屏"用户，网络已经成为收看热播电视剧的主要渠道，但重大新闻的获取渠道电视新闻仍排在首位。根据2016年第三季度《中国有线电视行业发展公报》的数据，我国有线电视用户总量达到25458万户，数字化率达到82.76%，这说明电视传播范围的广泛性仍是其重要的特征之一。同时电视新闻的渗透能力又是非常强大的，

---

① ［英］麦奎尔：《麦奎尔大众传播理论》（第四版），清华大学出版社2006年版，第66页。

它在我们对现实社会做出准确判断的影响力方面仍具有相当的优势。

在谈及电视新闻的社会功能时，我们侧重从电视新闻的生产目的、媒介表现去进行解读。这种思考旨在从电视新闻内在的身份构成以及外在的社会定位的关联中透视它存在的价值和意义，从而揭示电视新闻与社会的内在联系。在功能理论的框架下，本书只就监视与联系功能进行论述。

所谓监视环境的功能就是电视新闻首先要向大众传播新闻信息，使受众能够通过获得各种全面的信息来了解和把握当下的生活。新闻信息的传播是电视新闻的主要内容，它成为我们了解当下生活和社会最重要的窗口。及时的新闻报道有助于人们对自己的选择做出准确的判断，因此，经济新闻、时政新闻可以被视作宏观社会生活的重要内容，而交通信息、天气预报、服务类信息又是我们生活中的好助手。由于电视具备及时报道的能力——直播技术，可以使受众在最小的时间差内获取新闻，了解事件的发展动态。例如，2008年汶川地震发生后，中央电视台以最快速的直播方式连续报道了灾区的情况以及当时的救援情况，12天的直播开创了中国电视新闻直播时长的纪录，重要的是这次电视新闻报道凸显了电视新闻对社会的反应能力，从而彰显出它的社会功能。这次新闻报道也与2003年"非典"报道形成了鲜明的对比。由于未能对当时暴发的疫情进行及时报道，社会谣言四起，随即引起各种社会不安，虽然后期电视媒体大力投入，包括央视记者柴静亲身进入"非典"病房报道救治情况等一系列有深度、有社会责任感和担当意识的新闻报道，都不能在短期内消除信息不透明引起的社会恐慌。电视新闻报道中还包括大量我们日常生活中所忽略，或未能亲身涉及的内容。电视新闻报道的范围不断地扩大，也进一步加大了它的影响力和渗透力。2003年伊拉克战争爆发，半岛电视台（Al Jazeera）在报道中坚定自己的立场，为世界提供了大量的现场报道和独家新闻，被称作"中东的CNN"，成为在中东地区和伊斯兰世界最有影响力的电视媒体。近年来，环境议题成为了国际关注的热点，电视新闻报道的内容由于与报道理念有相当紧密的关系，所以它长期以来都是电视新闻报道的重点。我国提出生态文明的政治理念之后，对环境新闻的报道也上升到一个全新的高度，我们不仅可以看到对环境破坏行为的披露，还能从生态发展的角度直播报道鸟类的迁徙；电视新闻既有动态报道关注当下世界的变化，也有非动态新闻揭示某一范围内的发展趋势。电视新闻不仅具有关注社会变化的广度，同时还具备对现象解释报道的深度。随着媒介融合的发展，电视移动终端的多样化和传播渠道的多元化，使电视新闻对现实生活报道的能力得到了进一步的加强，电视新闻的社会理性是体现其社会功能的重要根源。

当然理想的状态是，电视新闻能够为受众提供一个真实的现实环境，但是事实上并非如此。电视新闻大量的信息报道，尤其是那种非理性的、盲目跟风的报道，往往会带来更多的负面作用——麻醉功能。电视新闻在这方面的表现也尤为明显。电视新闻的"负功能"由两种情况造成：一是信息的过量；二是信息的片面性。由于过度追求新闻的不同寻常性，使得常态生活被掩盖，最终导致新闻功能的异化。特别是在新媒介传播势力的强势介入下，我国电视新闻难以在数量上与新媒体抗衡，特别是议程设置的导向性优势也显颓势，就使得电视新闻一时难以找到内容与品质、方式与目标的平衡点，由于盲目追求与新媒体在内容上的一致性，加大了社会重复信息的传播，反倒对新媒体起到了推波助澜的作用，增加受众对社会的误读和判断。大众传媒的这种负功能在新的媒介环境下，显现出一些新的特质，也加大了这种负功能的复杂性。

拉斯韦尔认为大众传媒的另一个重要功能是联系功能。所谓联系功能可以理解为"对周围环境信息的选择和解释"。事实上，联系功能可以被视为社会控制功能最本质的体现。按照《大众传播：起源、方法与应用》中所认为的，发挥联系功能的就是媒介中那些社论和宣传性的内容。从整个社会系统来看，电视新闻是大众传媒内容的主要载体，在相应社会制度和媒介制度的运行框架中，遵循并完成着自身的基本任务和使命。在一定的历史时期，它并不是一种变革的力量，而体现为对现有社会秩序的维护，这也是媒体维护其自身合法性的重要方式。从微观的层面来看，电视新闻在大众传媒的内部居于核心地位,它体现着媒体对社会的价值观和责任感,是与社会构建关键性联系的最外化的层面,所以它也必须立足于媒体的运行逻辑。这两者之间有冲突但也有统一性,因此在电视新闻的生产和传播过程中,我们可以看到,为了达到一致性的结果,这两者之间会通过妥协实现"联系"的目标。电视新闻通过结构性、重复性、多角度化、多形式化的传播为社会整合提供帮助。这种功能也被我们称为舆论引导功能。在新型的媒介关系中,新媒介显示出的最大力量就在于它打破了固有的传播方式,原本具有垄断性的传受关系遭到瓦解,这种多元化的价值传播对社会主流意识形态形成冲击。在这样的时代背景下,电视新闻的联系功能是得到强化还是被弱化?事实上,我们可以看到,当这种异质性元素特别活跃时,电视新闻的此种功能会得到进一步的加强。电视新闻作为一种由媒介机构生产的产品,本身的机构定位与价值体系就已经决定了它的基本目标,特别是在舆论多元的情况之下,我们在当下的传播格局中可以非常清晰地看到,电视新闻通过拓展传播渠道,融入和介入到新的舆论热点中,以期对于重大意见形成时间、落点上的优势,引领和反映舆论。电视新闻在这种语境中无疑体现出对既有权威与规范的支持作用,同时也试图对各自分离的活动和意见进行统一并努力达成共识。

功能理论仍然是我们审视大众媒介身份定位和社会价值最重要的理论框架。在这一理论视阈下,我们不仅能够理解媒介存在的理由,更为重要的是媒介对自身身份的建构也是基于社会的视角。当我们强调大众传媒的社会价值和意义时,从外部来讲,就是体现在它的社会功能上;从内部来看,则是对媒介自身价值的完善和社会定位的诠释。对大众传媒社会功能的关注,本身也是对它存在合理性的考察。除去以上两点功能之外,电视新闻同样还具有其他的诸多功能,在这里不再赘述,本书只选取最为醒目的两点加以论述,以作为对电视新闻考察的重要视角。

第二章

中国电视新闻的主要类型与发展趋势

第一节　电视新闻的分类

电视新闻脱胎于报纸、广播等传统媒体的新闻内容，在随后的发展中，又结合自身的媒介技术特性逐渐形成和完善了电视新闻的体裁和样式，以丰富和特有的表达方式对社会产生了广泛而深远的影响。电视新闻的特有价值就在于它在内涵上承续和坚持了新闻的基本价值观，同时又在外延上拓展和丰富了新闻的表达方式。而且在媒介技术的演进下，始终体现出动态、开放、融合的状态，这也是电视新闻不断挖掘自我，保持创新精神的重要原因所在。

要说明事物的特征，从单方面往往不易阐释清楚，而把事物分成若干类，根据形状、性质、成因、功用等属性的异同逐一加以说明，则便于我们有序理解。面对纷繁复杂的电视新闻节目，若想全面了解其构成，分类是必要的办法。对电视新闻的分类有不同的标准，因此就出现了不同种类的划分。通常我们可以按照题材、体裁、采编方式等划分标准对其进行界定和分类。

一　按照题材

可以分为时政新闻、财经新闻、社会新闻、娱乐新闻、体育新闻、国际新闻等。

题材指对表现作品主题所用材料的简称，有广义、狭义之分。广义的题材，泛指作品描绘的社会生活的领域，即现实生活的某一面。狭义的题材，指在素材基础上提炼出来的，用以构成艺术形象、体现主题思想的一组完整的具体的生活材料，即写进作品里的社会生活。题材是作品内容的基本因素，是产生和表现主题的基础。从广义的题材方面而言，根据电视新闻描绘的社会生活领域，我们可以将其划分为时政新闻、财经新闻、社会新闻、娱乐新闻、体育新闻、国际新闻等。

电视时政新闻主要报道国家政治生活中的重大事件，例如国家的大政方针、重大的经济决策、国家领导人的重要活动以及对国家、地区以及公共生活有重大影响的政府决策，这种新闻影响力大、重要性突出，也就是我们通常所说的硬新闻。最为典型的电视时政新闻如每年的全国两会新闻报道，"一带一路"高峰论坛新闻报道，党的十八大、十九大新闻报道等。

财经新闻涵盖了经济社会中的各种经济行为和活动，是在原有经济新闻基础上衍生出的一种更为专业化的新闻品种。电视财经新闻是对现代金融、资本、市场等专业领域的新闻报道，因其与现代生活密切相关且专业性强，体现出较高的专业报道水平。例如，中央电视台的财经频道、第一财经频道就是专门播出财经新闻的专业电视频道。

社会新闻涉及人民群众日常生活的社会事件、社会问题、社会风貌的报道，包括社会问题、社会事件和社会生活方面的内容，尤以社会道德伦理为基础反映社会风尚的新闻为主。它与其他新闻相比，具有社会性、广泛性、生动性、趣味性，富有人情味等特点。

娱乐新闻与体育新闻关注娱乐界、体育界新近发生的事实。虽然目标明确，定义和认知却较为模糊。廖天一认为，娱乐新闻包括电影界、电视界、演艺界、流行音乐界等领域发生的新闻及演艺明星的新闻。

体育新闻包括运动竞赛、运动训练、学校体育、群众体育领域中的新闻事实，其中运动竞赛新闻占据主要地位。2017 年最为社会关注和影响力巨大的体育新闻要算是中国三位男子乒乓球运动员退赛了，这则新闻最终演变为一个社会事件，而远远超出了它作为体育新闻的价值和意义。除此之外，当下的娱乐新闻、体育新闻则体现出随意制造、关注低俗、忽略隐私权保护等问题，这些也值得学界关注。

国际新闻是近年来电视新闻中的一个热点，主要是对国际重大事件的报道，包括最新动态、环球人物、国际调查、军事新闻、恐怖主义活动等内容。电视传播技术和实力的提升使我国电视国际新闻在时效性、影响力上都有了长足的进步，不仅有利于国内观众及时了解国际动态，也有利于提升国家的整体对外传播形象。

二　按新闻体裁

可分为消息、新闻评论、深度报道、特写、人物专访等。

不同于新闻题材，新闻体裁指新闻作品的种类和样式。前苏联奥夫相尼柯夫在《简明美学辞典》中指出，体裁表示一门艺术内部分类的概念，具有一般美学性质。在每一种体裁中都可以看到内容的某种共同性（生活联系和关系的特殊性）以及方向性、生活现象取舍及其艺术体现、思想和审美评价、感染作用特点的某种共同性。每一种体裁都有一整套相对稳定的艺术手段，这些艺术手段具有派生的性质，因为它们都受各种体裁所特有的反映对象制约。根据体裁划分，电视新闻节目可分为消息、新闻评论、深度报道、特写、人物专访等。

消息对于所有的媒体来说都是最为常用的一种新闻体裁，它具有简要、客观、传播迅速及时等特点。消息类电视新闻是电视新闻节目最常见的形态，可以在不同的传播渠道中多次使用，以其快速、短小、活泼的特点报道各类新闻，适用性较高。按中国广播电视新闻奖评选标准，短消息≤1分30秒，长消息1分30秒至4分钟。在如此短的时间内有效报道新闻事件，除精选主题外，还需要精选题材、巧选报道角度。

电视新闻评论是在新媒体舆论强势的倒逼中逐渐壮大起来的。由于电视媒体对新闻评论主要靠听觉符号传播，原本认为它并不具备这方面的特别优势，因此只是在特殊的新闻当中才偶尔播出。但是，随着传播格局的变化、受众需求的改变，电视新闻评论通过对时事的评说、新闻的解读、政论的表达，已形成具有独立品格、风格、样式的电视新闻体裁。特别是在与新媒体的抗衡之中，充分展现出电视新闻理性的一面。

深度报道近年来受到了巨大的冲击，随着传播的日益碎片化和接收端的移动化，深度报道在电视中也日渐式微，这种代表媒介机构专业价值的新闻类型的衰落，预示着一个传播时代的转型。

电视特写新闻类似于以"特写"镜头描摹新闻事件，截取新闻事实的横断面，即抓住富有典型意义的某个空间和时间，通过一个片断、一个场面、一个镜头，对事件或人物、景物做出形象化的报道，既有现场感，又有深入性，具有吸引观众的独特魅力。

电视新闻的人物专访 20 世纪 50 年代诞生于美国，它不同于文字的抽象描写，而是以具象的人物形象、生动的人物语态、人物经历来介绍电视人物，既有思想深度，又有人物亲近感。我国中央电视台 1993 年率先推出的《东方时空》子栏目《东方之子》的成功就是人物专访的典型案例。

三　按新闻采编方式

可以分为口播新闻、图像新闻、现场直播等。

电视新闻主要以听觉符号和视觉符号来进行传播。口播新闻具有视听双重功用，在电视新闻的播音中，电视新闻播音员用准确的语言，新鲜、明快、庄重、规整地传达新闻信息，比广播新闻播音更能增加画面感，从而拉近了与观众的心理距离。图像新闻以电视手段真实形象、及时简洁地报道新闻事实，以活动图像及同期声、背景资料与解说相结合，在电视新闻性节目中所占比重很大，是最主要的报道形式之一。而现场直播优势更加突出，最大的传播优势在于可以创造一个在现场的虚拟环境。因此，近年来电视新闻通过提升传播技术优势来优化新闻报道水平，大量使用现场报道、现场直播的方式，尤其是在一些重大的新闻报道中，电视记者的现场报道和新闻直播呈现出极强的震撼力和现场感。此外，电视媒介的技术融合呈现出多终端化的趋势，这种迅速及时、跨越时空的报道手段强化了专业媒体的专业品质。如 2015 年 9 月 3 日中央电视台对"中国人民抗日战争暨反法西斯战争胜利 70 周年大阅兵"进行了直播报道，其中 10：00—11：40 阅兵式直播期间，央视收视份额为 61.10%，比上周同期上涨

75%，相关视频在 CNTV 的多终端直播、点播收视次数当日共计 1.2 亿次，并创下 CNTV 视频直播在线人数最高纪录。[①] 在凸显出媒体竞争优势的同时也将这种优势向新媒体融合转移，实现多屏互动和优势资源的借力推进。

电视新闻分类的多样性有助于我们分门别类地对它进行研究和比较，这些分类在运行和操作过程中又会出现重合和交叉的现象，因此，它并不是严格意义上的类别区分。在此基础上还有很多分类的标准和划分结果，在此不一一赘述。特别想强调的是，伴随着媒介技术的进步，电视新闻的样式还在不断发生变化，新闻类别的更迭同样是大众传媒变革的重要结果，不论是新的品种的出现还是旧有类型的式微，都在推动人类传播能力的进步。针对这样的变化，本书就根据当前电视新闻的发展趋势，对其中最具代表性和创新性的几种新闻进行详细分析。

第二节　电视民生新闻：电视新闻创新的重要历史选择

电视民生新闻的兴起被称为中国电视的第三次革命，在这二十年的倔强生长中，可以说它记录了中国社会和百姓内心最激荡的历史记忆，这样的相遇无疑给中国电视的发展留下了极为深刻的烙印。直至当下，电视民生新闻依然是理论界和业界无法绕开的话题，因为民生新闻在各级地方电视台依然是最为重要的新闻类型之一，它所承载的社会期待仍具有十分广泛的社会基础。面对新媒体的异军突起，同时又身处电视向媒介融合转型的中心，电视民生新闻求存求新的压力也日渐增大。

---

① 央视网：《9 月 3 日抗战胜利 70 周年纪念活动直播收视报告》，2015 年 9 月 7 日，http://1118.cctv.com/2015/09/07/ARTI1441607154910369.shtml。

一　电视民生新闻的角色定位

电视民生新闻自产生以来就出现各种不同的争议，比较有影响的有"新闻题材说""节目形态说""传播对象说""价值取向说"四种。"新闻题材说"从电视新闻题材内容的视角考察电视民生新闻这一概念，认为电视民生新闻是以与市民日常经济、社会生活息息相关的新闻事件作为主要报道内容的电视新闻。"节目形态说"从电视新闻节目形态的视角考察电视民生新闻这一概念，认为电视民生新闻是以民众生活为主体的新型电视新闻节目。"传播对象说"从电视新闻传播对象的视角考察电视民生新闻这一概念，认为低学历的普通市民百姓或叫草根阶层比高学历、引领社会主流的精英阶层更关注电视民生新闻。"价值取向说"从电视新闻价值取向的视角考察电视民生新闻这一概念，认为从业者应该从民本的立场、观点、态度出发，对市民百姓的生活进行报道，体现媒体关注民生的姿态。

这些争议都侧重于民生新闻的某一角度而进行阐释，所以必然存在不同程度的局限性。《南京零距离》栏目制片人张建赓认为，民生新闻不是一种具体的新闻题材，也不是一种新的新闻类型。也就是说，它不是时政新闻、社会新闻之外的一种新的新闻样式。在电视新闻采编领域，它是一种全新的观念，并正成为一种思潮，成为一种电视新闻的全新实践。它所产生的影响，是对传统的电视新闻观念的全面冲击。从这番话我们不难看出民生新闻的实践者更倾向于将其定位为一种价值或理念。

本书打破民生新闻角色定位的单一角度，无论是对新闻题材、节目形态、传播对象还是价值取向均有所涉及，以期全方位地阐释电视新闻的角色定位、思想渊源、社会功能、面临现状及提升措施。

二　民生新闻的思想源流与意义

民生新闻发轫于纸媒。西方的民生新闻以 19 世纪 30 年代兴起的大众化报纸为源头。受西方商业、城市发展的推动，西方民生新闻是资本主义经济发展到一定阶段的必然产物。当西方报业从政党报刊时期的党派斗争工具转为商业化的盈利工具时，关注民众日常生活、报道民众生存状态以扩大受众影响力、增加发行量成为当时报纸的必然选择。如1833年本杰明·H.戴创办的《纽约太阳报》被看作美国大众化报纸的开端，成功的原因不仅是售价低廉，而且因其内容的独到：取材多是无足轻重的琐事，但读来很有趣味，充满人情味，因此深受读者欢迎，开发出大批被称为"平民"的读者，孕育着"民生新闻"的萌芽。

我国的民生观念可追溯至孟子的"民贵君轻"，堪称民本思想的鼻祖。在中国的传统思想中，民生所代表的对百姓生计、生存、生命的关切从来不是少数。近代民主主义的先行者孙中山在《三民主义》"民生主义"第一讲中对"民生"做了精辟概括——民生就是人民的生活——社会的生存、国民生计、群众的生命。这让民生二字在国人心中耳熟能详。与民生相关的民生新闻同样发轫于纸媒。我国新闻的大众化随着20世纪初西方新闻观念的大量传入而兴起，首创"面向民众办刊"思想的邹韬奋《生活》系列报刊、正式提出"报纸大众化"的成舍我创办的《立报》都是典型代表。20世纪80年代兴起的晚报、90年代兴起的都市报都以平民化姿态、视角、内容为新闻内容带来新一代风格。2001年，深圳《晶报》明确提出"民生新闻"这一口号。

民生新闻发轫于报刊，勃兴于电视媒介。最早的电视民生新闻来源于电视动态新闻中的社会新闻，20世纪90年代演变为都市新闻，后从都市新闻的经济、时政、法制新闻中剥离，逐渐成为具有独特特征的电视新闻类别。

我国电视民生新闻的源头可以追溯到20世纪90年代中央电视台《东方时空》的开办，其子栏目《生活空间》提出了"讲述老百姓自己的故事"的口号，这无疑是电视民生新闻的开端。《生活空间》是陈虻制作的一个家喻户晓的电视栏目，他曾提出"站在亲人的角度去关注被拍摄对象"的理念，即"《生活空间》首先是关注人，其次是以什么样的角度去关注。一旦了解了'人'，并真正有能力去表现一个人的个性时，生活中的每一个人都会显现出值得拍摄之处。一个人就是一部书,《生活空间》所要做的就是把这本书翻开,像他的妻子,像他的父亲,像他的朋友一样去读。其结果,一切都将来得最直接、最根本"。对于普通个人的关注,使得《生活空间》备受好评:1993年到1995年三年间,《生活空间》收到了上千封观众来信,信中除了主动提供拍摄线索外,还多有表扬节目"亲近""有趣"的言辞。1993年到2000年七年间,《生活空间》拍摄了2000多个普通人的故事,他们平凡而真实的经历成为和大时代脉搏共同跳动的鲜活个体,从此开启了中国电视发现自己的崭新之旅。

1995年北京电视台创办的《点点工作室》(1998年更名为《元元说话》,1999年又更名为《第七日》)已经基本带有电视民生新闻的品质。但电视媒体真正意义上大规模的民生新闻是从2002年元旦开播的《南京零距离》开始的,从此引发了中国电视新闻的热潮。《南京零距离》面向南京,完全自采,倡导民生,取得了很好的收视效果。2004年其广告以1.088亿价格被买断,成为国内身价最高的电视新闻栏目。此后,中国电视新闻改革步入崭新时期,民生新闻成为节目的佼佼者,各类相似节目层出不穷。2006年,各级"民生新闻协作体"成立,旨在解决边缘化和选题狭窄等问题,以实现各媒体的资源互利。

我们从近二十年的民生新闻实践中,可以清晰地看到电视民生新闻在报道内容、视角和表达方式上遵循着"民生内容、平民视角、民主的价值取向"的路径,体现出报道者的立场、态度和出发点,更蕴含着新闻对自身专业价值的反思。正因如此,电视民生新闻努力成为老百姓解决问题、表达意见、沟通情感的公共平台。这样的新闻节目不仅要在内容上是"老百姓自己的故事",而且要让百姓自己讲述、表达意见。它一改电视新闻自上而下的传统传播模式、单向宣传的灌输式报道理念,成为疏导社会矛盾、为群众排忧解难、沟通百姓需求的重要渠道。有资料显示,在南京和成都地区几档具有代表性的电视民生节目中,市民的出镜率都超过了50%,有的甚至达到了80%以上。电视民生新闻平民化的视角使记者的采访报道触及社会各个阶层特别是最底层的受众,并通过各种互动环节在媒介、政府与民众之间构建了一个民主的舆论场域、一个开放的公共空间，给民意一个畅达的渠道，使那些平时在公共事务中沉默的弱势群体或草根阶层重新获得话语权，成为公共决策与信息传播的当事人和见证者，为民众提供参与公共决策的机会，最大限度地体现了民意的公共价值。

在中国社会变革和媒介变革的双重背景下，电视民生新闻所带来的突破意义可以概括为以下几点：

1. 构建了在当代社会下，政治、经济与专业价值需求三者平衡的有效载体，为社会主张、专业价值的实现提供了新的可能。民生新闻以平民视角关注百姓现实的生活需求，内容上与百姓生活息息相关，新闻事件的产生及结果对百姓生活产生着较大影响，这在频发的社会矛盾中为平衡利益关系提供了新的解决问题的视角。

2. 在引领舆论和形成意见的交流平台上，重塑了媒体的角色和身份，改变了大众传媒俯视的视角。"显著性"是新闻价值的五要素之一，其中人的显著性是重要评判标准，领袖、权威、精英、恶棍等独特的人物设置构成了新闻常见的角色，但与平淡生活的普通百姓似乎缘浅。民生新闻一改媒介对普通民众"俯视"的姿态，将话语权交给普通民众，重塑了媒体的新闻选取视角和内容呈现主体，具有独特价值。

3. 它的出现打破了传统新闻内容的主导性格局以及专业新闻的模式，成为中国多级电视媒体差异化发展的重要利器。电视行业激烈的竞争环境挤压了地方媒体的发展空间，但民生新闻是地方媒体的发展突破口。电视民生新闻是一种具有强烈的民生特色、地域特征、表现手法平实且多样化的电视新闻形态，将镜头对准城市百姓普通生活，以打造"本土化"、好看的电视新闻为追求，贴近市民、贴近生活、贴近时代，几乎无一例外地成为当地的名牌栏目，取得较高的收视率。

三 电视民生新闻的传播特点与问题

1. 电视民生新闻的传播特点

（1）本土化和平民化是电视民生新闻选材的两大重要因素。民生新闻的本土化，可以理解为省市级电视媒体的新闻节目在选材上是以报道当地发生的新闻事件为主，实质是以本土的经济发展、文化积淀作为立足点，充分挖掘自身的地域特色，以当地的百姓为主要受众对象。平民化就是传播者在新闻传播的过程中所表现出来的对普通老百姓生存状态的关注，对平民生活方式的展现，对平民立场的认同。电视内容的选择呈现出的这种趋势，符合我国民众的价值取向、争取权利平等意识的凸显和我国社会文化整体波动的发展现状。

（2）民生新闻传播方式的直播常态化。电视民生新闻的直播方式，能够突破时空的限制，加强直播的时效性、现场感，强化观众的参与程度，在形象传播优势的带动下强化故事叙事对观众的影响力。这种故事化的表达使新闻直接呈现在观众面前，展现出新闻事件原生态的基本状态，以此在传播效果上显现出其深入人心、打动人情的人文关怀。

（3）电视民生新闻的内容与百姓息息相关，在报道的方式上主要采用了易于百姓接受、被百姓所熟知的大众话语。同时通过拍摄机位、视听语言的运用呈现出较为原生态的报道现场。与其他电视新闻节目不同的是，电视民生新闻采用像拉家常一样的说话方式来报道百姓身边事，以百姓视角、百姓语言、口语化的平民播报方式讲述老百姓的身边事，并对内在道理加以整合、提炼，同时增加栏目的人情味和趣味性。

2. 影响民生新闻发展的主要问题

传媒学者胡智锋认为，近年来，我国电视内容生产潮流迭起，任何一个潮流都很难引领十年以上，尤其身处在转型期的中国社会，政治经济因素和社会因素的相互作用同样也体现在电视民生新闻上。事实上，近年来电视民生新闻的确也暴露出各种问题，集中表现在同质化和低俗化两个方面。

（1）同质化。同质化问题主要体现在电视民生新闻的内容题材雷同、形式雷同以及新闻功能重叠等方面。民生新闻的内容题材大多锁定于普通百姓的生存状态和生存空间等领域。在这样一个"内容为王"的时代，有价值的民生新闻题材是一个栏目留住受众，建立良好口碑的重中之重。然而现实情况是，由于民生新闻开辟了新的电视新闻发展空间，众多媒介生产者相互克隆、恶性竞争，使得民生新闻陷入了无序竞争的状态。大量定位、风格、内容雷同的民生节目在同一时间、同一地域内争夺受众、分摊广告，加之民生新闻节目报道的题材原本就比较窄等原因，使得题材的同质化现象更加严重。同质化的第二个表现是播出形式的雷同。电视民生新闻从出现开始，就没有现成的新闻理论和实践规律可循，可谓是在实践中成长起来的，这也就导致了民生新闻栏目在体裁形式和表现上的趋同。民生新闻一改往常正襟危坐式的新闻播报形式，采取轻松、谈话式的播报形式。不管是在栏目的编排和播报以及互动方式上，与传统的新闻栏目有很大的区别。但是，同质重叠性的竞争方式，使得民生类栏目的特色不再，各个栏目之间的相互克隆、模仿成为常态。各级电视台、各个频道都有雷同的电视民生新闻节目，而它们在报道手法、编辑整理方式上的类似与僵化都大大降低了新闻报道应有的理性和智性，这些电视民生节目大量的重叠部分，导致在传媒市场中难以相得益彰，而是彼此相减。

（2）低俗化与琐碎化。从内容选取上来看，这类电视民生新闻偏向于软新闻或是将硬新闻软化处理，减少严肃新闻的比例，尽力发掘其娱乐价值，用娱乐化的内容吸引观众。但若民生新闻将名人八卦、刺激性的犯罪、暴力事件等作为报道的重心，从表达上强调新闻的故事性和画面性，就陷入内容低俗化的怪圈。尼尔·波兹曼在《娱乐至死》中曾这样说：当新闻被包装成一种娱乐形式时，它就不可避免地起到了蒙蔽的作用。当电视新闻节目提供给观众的是娱乐而不是信息之时，这种情况的严重性不仅仅在于我们被剥夺了获取真实的信息的权利，而且在于，我们正在逐渐失去判断什么是信息的能力。新闻娱乐化有三个显著的特征：内容上注重软性新闻、着力挖掘新闻中的娱乐因子、形式上追求刺激性和吸引力等。电视民生新闻一贯追求的是平民化报道，这样在以平民化为借口的前提下，许多栏目开始简单地跟风、克隆，一味地抢"看点"和"卖点"，有的节目甚至不惜以低俗、庸俗甚至是虚假的内容来迎合部分人的低级趣味，片面追求收视率，导致内容品质的下降，偏离航道。除此之外，内容的琐碎化也导致了内容的低俗，这是指电视新闻过度报道街头小事、市井百态的琐事，毫无特色，对观众也没有任何意义可言。比如，在一些民生栏目中，经常会出现谁家的猫上树了，好心人帮助救助；谁家吵架了，一家人闹得不可开交等等报道。还有一些重复报道的现象，尤其是到年关的时候车祸报道呈现出井喷之势。这些琐事及重复报道的现状，抢占了受众的注意力资源，在一定程度上抢占了对受众真正有价值的新闻空间。

四　媒介融合时代的电视民生新闻

近年来，新媒体的迅猛发展在多个层面上影响和改变了传统的传播方式以及传播理念。民生新闻也面临着同样的问题，甚至因为其原本自身所体现的创新性和社会价值，在这种竞争中显现出更大的压力。传统的传播方式是一种自上而下的传播，传播主体对于传播内容的主控性使得受众的参与和介入十分有限，因此民生新闻的报道理念和报道方式在这一时期备受推崇，也是其获得社会认可的最核心因素。但是新媒体的出现，使受众拥有了传播、获取新闻信息的主动权和广泛参与力，受众同时也成为新闻信息的报道者和传播者，这种身份的转化也意味着民生新闻所具有的最独特的价值受到了最大的挑战。

民生新闻的创新包括报道理念的创新和报道方式的创新两方面。民生新闻在经历了二十多年的发展之后，在实践层面表现出的缺陷主要缘于无法在理念层面获得更多的创新资源和动力，于是便走向了创新的另一端。因此，电视民生新闻应借助于电视媒介融合的历史契机拓展其内涵和传播手段。

第一，媒介融合时代大民生理念的拓展与延深。事实上，在当下新的传播格局下，民生新闻的创新无疑需要再次回到其原点，那就是对民生新闻的再认识和再出发。从理念层面来看，电视民生新闻必须跳出"民生"解读的旧有窠臼和框架，摒弃"鸡零狗碎"的报道取向和"非主流"的传播意识，让民生主题重返对主流社会和当下生活的建设上来，将那些流于琐碎和猎奇性质的粗俗气味从民生新闻中剔除掉，在题材选择上进一步开阔视野，在新媒体的视野下重新诠释民生的内涵和意蕴，主动出击分析解读民生政策，体现专业媒体的专业价值和视野高度，重新建立起百姓与当下社会生活的真正勾连。

　　第二，要提升民生新闻的品质，寻找中国民生新闻理论与实践的新突破口。美国学者在 20 世纪 90 年代初就提出"公共新闻"（public journalism）的理念。公共新闻不同于民生新闻，斯坦利·巴兰等人认为公民新闻（civic journalism）是积极地让受众参与报道重要公民事件的新闻实践，有时也称为公共新闻（public journalism）。[①] 公共新闻的概念并没有明确的定义，这种理论为我国民生新闻的发展提供了关于新闻报道实践的新视角和新技巧：比如媒介应该担当起更加积极的角色，致力于提高社会公众在获得新闻信息基础上的行动能力，组织和推动公共讨论和复兴公共生活，告诉社会公众如何去应付社会问题，帮助人们积极地寻求解决问题的途径；普通公众对事件的认识与专家们对事件的认识是同样有价值的，应该同等看待等等。孙旭培教授把公共新闻概括成四句话："培育和营造公民社会，监督和构建公共领域，报道和指导公共事务，交流和引导公共意见。"为此电视媒介要做到：新闻选材方面，折射公共话题，激发公众参与；报道方式方面，主动介入社会生活，构建公共话语平台。[②] 但是中国电视新闻传播的语境与西方理论之间有着巨大的差异，这种借鉴与启发有相当大的局限性。面对新媒体时代传播理念和生活方式的巨大变革，民生新闻由于与人们日常生活状态的高度黏合，必须在理念、内容上寻找具有中国逻辑的话语模式和传播范式，始终坚守"道德守望者"和"文化传承者"的角色，做百姓真正需要的新闻，以时代发展的主流姿态，坚持提供对话平台，体现媒体作为协商的内在价值，赢取媒介公信力。尽管新时代传播技术手段的影响力不容忽视，但媒体发展的

---

　　① ［美］斯坦利·巴兰、丹尼斯·戴维斯：《大众传播理论：基础、争鸣与未来》（第三版），曹书乐译，清华大学出版社 2004 年版，第 117 页。

　　② 朱菁、江黎黎：《从"民生新闻"到"公共新闻"——电视民生新闻的可持续发展探讨》，《新闻实践》2005 年第 2 期。

基本原则"内容为王"的本质并没有改变。作为社会公共价值最显著代言人的电视民生新闻，理应成为电视媒体实现中国马克思主义理论框架下社会职责的重要载体。

第三，电视民生新闻在媒介融合的发展理念中寻找新的历史发展机遇。对于电视民生新闻来说，从理念上看它们之间存在着高度的匹配性；从传播渠道和传播方式上来看，电视民生新闻可以通过媒介融合获得明显的传播优势。电视民生新闻可以借助于媒介融合的技术优势带来内容上的创新和拓展，这也就给电视民生新闻的创新提供了内生动力。电视媒体不仅应把微信公众平台当作增强互动、维系收视的工具及兼顾内宣外宣的手段，还应通过这一入口采集数据、分析数据，以期根据观众关注度对类型话题划分，梳理出关注度高的选题。2015年3月5日元宵节，山西卫视的《都市110》推出"猜灯谜中大奖"活动，通过微信公众平台图表、线性趋势图统计数据分析，当天新关注官方微信的人数突破千人，达到1161人，信息发送人数也达到2181人，都较平时几百人的人数增长和互动多出几倍。3月14日栏目又推出"关注微信公众账号，第11万位粉丝赢好礼"的活动，结果同样让人欣喜，除了当天新关注人数前所未有地突破5000，达到5706人，发送信息的人数也达到2169人。于是节目顺势而为，在之后的3月17日推出的《3·15深度调查报告》中依旧加大送好礼的活动力度，使当天新关注人数达到1779人，信息发送人数达到2092人。尽管此类统计数据分析只能算作简单的大数据分析，但这样的结果还是让我们尝到了基于数据分析、科学研判的甜果。

第三节　电视数据新闻：理念与技术的双重突破

伴随着大数据概念在社会生活各个领域的不断渗透，以媒体技术与社会网络为纽带的"数据新闻"成为业界颇为关注的重要内容之一。这种根植于技术发展、孕育于理念创新的新闻实践活动可以说尝试着一条新闻的"科学化"之路。它充分体现出科学技术对新闻的支撑作用，同时也不断传达出新闻理念与科学意识的相互融合和影响。毋庸置疑，这种新闻方式在客观上进一步丰富和提升了新闻报道的水平和内涵，同时也构建了对新闻本质诉求审视的又一新的视角。

近年来由于新媒体的迅猛发展，新闻传播的扁平化、碎片化更加剧了新闻核心理念的分化和模糊。可以说，数据新闻的燎原之势又一次提出了这样的问题，那就是传统意义的新闻如何应对来自各种力量的冲击？在传统新闻理念逐渐走向消解和重构的过程中，数据新闻的出现是否意味着新闻理念的再出发？

一　数据新闻的内涵

大数据这一概念自 2006 年在荷兰出现以来，其应用便迅速蔓延到 IT、市场营销、公共健康等领域，目前这一态势仍以极高的速度增长。据估计，到 2018 年数据市场将达到 500 亿美元。2013 年，在大数据技术与概念背景下生成的数据新闻迅速得到了传媒业的青睐，新旧媒体都以不同的方式纷纷试水。2014 年、2015 年春节和两会期间，中央电视台大量运用了数据新闻报道，引起了社会极大的关注，使新闻报道本身也成为了新闻。大数据对传媒业的影响也变得越来越清晰，数据新闻制作最优秀的媒体《纽约时报》聘请了"数据分析师"，以解决其发行量的问题。作为数据新闻最重要的时代背景和技术推动力，大数据是界定数据新闻内涵、厘清数据新闻特征最主要的标准之一。

所谓"大数据"，研究机构 Gartner 给出的定义是：大数据是需要新处理模式才能具有更强的决策力、洞察发现力和流程优化能力的海量、高增长率和多样化的信息资产。咨询机构麦肯锡则提出：大数据是指其大小超出了典型数据库软件的采集、储存、管理和分析等能力的数据集。简单地讲，大数据定义了传统模式（或流程、工具、手段）无法处理的数据集。[①] 它具有规模大、价值高、交叉复用、全息

---

① 王武彬：《大数据浪潮中的传媒业——兼谈大数据讨论的若干误区》，《新闻记者》2013 年第 6 期。

可见等特征，这其中不仅包含着数据规模量上的超越性，还具有不同于以往的质的飞跃。

对数据新闻内涵的表述目前尚没有统一的说法。2011 年，在欧洲新闻学中心（European Journalism Centre）和开放知识基金会（Open Knowledge Foundation）的倡导下，由《卫报》、《纽约时报》、《华盛顿邮报》、《金融时报》、BBC、独立新闻机构 ProPubli-ca、德国 Zeit 在线，以及澳大利亚、芬兰、阿根廷等国的资深记者协作撰写了该领域的第一本专业书籍《数据新闻手册》（*The Data Journalism Handbook*）。书中对数据新闻进行了这样的界定：数据新闻简单来说就是用数据报道新闻，它为记者将传统的新闻嗅觉与运用规模庞大的数据信息结合起来报道新闻创造了可能。① 在这个界定中我们可以看到它并不是一个严格意义上的定义。中国人民大学新闻学院的方洁等人从新闻呈现、新闻流程及新闻行业发展三个角度综合考察数据新闻，认为其内涵就是基于数据的抓取、挖掘、统计、分析和可视化呈现的新型新闻报道方式。② 尽管在表述方式上不尽相同，但目前国内的学者普遍认同，数据新闻是在多学科交叉的背景下，运用数据分析的科学方法，以更加丰富、多元的可视化表现形式——图表、数据等，抓取或拓展数据与社会、人的内在联系和关系，以新闻报道的方式进行大众传播。而这种经过筛选、过滤、加工的数据信息使新闻产生的效果也呈递增的态势。

数据新闻所体现的客观性、真实性被看作量化研究方法、计算机技术与新闻报道在新闻界的综合运用，开启了人类精确、个性化认知世界，科学减少不确定性的新篇章。然而，精确报道并非新概念，也并非计算机技术发展下衍生的产物，而是新闻业发展历程中的主动诉求。

20 世纪 30 年代，解释性报道虽然注重挖掘并运用背景材料对新

---

① 徐锐、万宏蕾：《数据新闻：大数据时代新闻生产的核心竞争力》，《编辑之友》2013 年第 12 期。

② 方洁、颜冬：《全球视野下的"数据新闻"：理念与实践》，《国际新闻界》2013 年第 6 期。

闻事实进行阐释，同时也不可避免地把主观性因素加入到报道中，对客观性原则形成巨大冲击。60 年代混乱且动荡不安的社会背景中，新新闻主义和调查性报道两种截然不同的报道形式同时出现，以期改进暗淡的新闻业：新新闻主义用文学创作手法渲染、揣测新闻事件，彻底抛弃了新闻客观性，在社会的强烈批判中退出了历史舞台；调查性报道力图体现客观，使用多种信息搜集手段来还原复杂的社会现实，但系统性、科学性有限。经过半个世纪的探索，精确新闻报道作为数据新闻的起源应运而生。

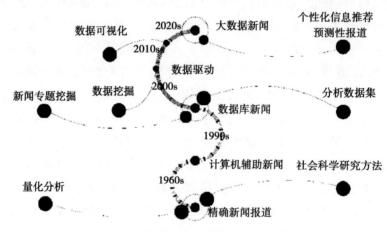

大数据新闻历史沿革的时间路线①

精确新闻报道又称精确新闻、精确新闻学，是基于科学的量化研究的新闻报道。精确新闻报道兴起于 20 世纪 60 年代的美国。1967 年，底特律市黑人骚乱蔓延，记者菲利普·迈耶在计算机的辅助下，对 437 位黑人的抽样访问调查结果进行了分析，在此基础上写出了系列报道《十二街那边的人们》，并于 1968 年获得了普利策新闻奖，这就是精确新闻报道的开端。随后这种报道形式逐渐在世界各国的新闻界得到认可并推广。1973 年，菲利普·迈耶在其著作《精确新闻学：一个记者关

---

① 喻国明：《从精确新闻到大数据新闻——关于大数据新闻的前世今生》，《青年记者》2014 年 36 期。

于社会科学方法的介绍》中，正式把精确新闻学定义为："将社会科学和行为科学的研究方法应用于实践新闻的报道。"他认为精确新闻是一种扩大记者工具包的方式，使记者可以接触到以前无法了解的、只能粗略访问的，或是受到新闻审查的主题。①

精确新闻报道使新闻界重回客观报道的轨道中，经历了数个阶段的发展历程：90 年代计算机辅助新闻、数据库新闻（基于数据集的挖掘）、数据驱动新闻（数据过滤+可视化图表）、大数据新闻（"悦读"体验+定制内容+预测性报道）。本书探讨的内容集中于数据驱动新闻这一阶段，但学者喻国明等人预计 2020 年或更晚一些时间，大数据新闻的规模化生产会到来。②

二 数据新闻的本质特征

首先，数据新闻构建了新闻新的叙述模式——数据的可视化。数据可视化的表达方式非常多元，包括图表、图解、表格和列表等形象化和互动性的视觉元素。可视化的叙事手法，既融入了科技化手段，又将"悦读"的体验有机结合在一起，是对传统新闻叙述方式的颠覆，它取代了传统新闻中文字语言的主体地位，将视觉要素定义为意义表达的主体，在数据的核心作用力下成为话语的中心。数据的可视化并非大数据时代的创新，传统新闻的采写通常也会使用表格、图片等可视化手段直观表现新闻内容，但数据新闻强调的不仅是外在呈现的视觉化，更强调数据之间的关联，这种关联并非基于逻辑叠加，而是切实的数据分析，这是大数据的核心价值。面对基于海量数据得到的复杂新闻，可视化图表为用户获取信息、了解脉络、厘清关系创造了新途径，提高了信息传达的效率。

其次，在传播碎片化的语境下，"数据新闻构建了新闻真实性的另一种视角。它打破了传统新闻对真实性的描述语境——'在现场'

---

① ［美］乔纳森·格雷、露西·钱伯、莉莲·博纳格鲁编：《数据新闻手册》，http：//datajournalistmbandbook·org/chinese/intro_ 3. html。

② 喻国明：《从精确新闻到大数据新闻——关于大数据新闻的前世今生》，《青年记者》2014 年 36 期。

和典型案例"①。数据新闻往往通过人们无意间留下的超海量信息痕迹，采用全样本调查的方法，将不同时空和来源的数据进行对比、叠加、勾连，呈现事物时间纵向性和空间跨越性相互关联的内在真实，这种有效加工的大规模数据可揭示更大范围内或更接近事实的情状，从而减轻了抽样带来的误差。

此外，数据新闻构建了一种开放式的生产方式，打破了专业与非专业、科学与人文、受众与新闻生产者等不同领域的壁垒，形成新闻生产的对话机制，使新闻在不断更新的数据中获得活力。一方面媒体采用大量公开的免费数据，另一方面媒体还将大数据公之于众，受众可以随时下载使用。《纽约时报》与《卫报》等传媒集团还合作成立了"档案云"（Document Cloud）大数据共享平台，实现媒体互利的同时大举推进"数据公开运动"。此外一些媒体还动员并吸收民众智慧发掘数据库，实现了数据新闻生产的"众包"模式。

三 数据新闻的三种能力

1."发现"的能力

数据新闻可以说是将信息力量最大化的又一次努力。事实上，数据本身是没有意义的，如何在数据中发现新闻，使数据具备新闻价值和成为新闻话语中的一部分，从而完成数据的意义的生产，无疑是其发展的关键。在当前数据新闻的两种方式中，不论数据是作为新闻本身还是作为解读新闻的工具，都是将数据再次还原于社会生活的再建构。因此，对数据的认识不仅需要一种科学的辨识力，还必须有洞察社会生活的思想深度，其实质就是如何将人文思维与科学思维整合的问题。数据分析师作为IT界的大熊猫，具备数据分析能力，如何培养具备新闻意识、数据分析能力的复合型人才，也是能否做好数据新闻的一个关键。

2."讲述"新闻的能力

这种能力可以理解为表达新闻的能力，即如何运用新闻的人文性

---

① 张原：《数据新闻开启电视新闻创新的三重空间》，《电视研究》2015年第8期。

思维解读抽象的数据，不仅是简单的数据的呈现，而是在这种呈现背后如何抵达"新闻"。新闻所具有的人文情怀和深沉思考能够成为数据背后的支撑力量，才能使对数据的抓取、挖掘从更广义的层面体现新闻的核心原则。用数据说话不应停留在"使用"的层面，这种简单粗糙的解读将抹杀新闻最可贵的本质。在数据新闻中，不可避免地会出现工具理性与人文精神的对抗和融合，一方面使新闻的内在向度得到了极大的发现，即信息的工具性，也就是在信息观下新闻所具有的社会价值——"有用性"得到了充分的发挥，但同时，也使新闻的另一种更为重要的本质精神受到了工具理性的挑战，即新闻中的人文主义精神。事实上，这种情怀和内涵又往往是不可言说的，它蕴含在新闻理念的坚硬外壳下，用真实性和客观性等职业话语间接传达这种内在的精神向度。因此，从这个角度来看，数据新闻如何更准确地体现和传达这种精神向度才是它走向成熟的重要标志。

3. "沟通"的能力

数据新闻的传播效果在很大程度上受到表达方式的限制，这也是当下中国数据新闻停滞在相对较低水平的一个重要原因。可视化是数据新闻的基本特征之一，随着媒体的社会化发展趋势越来越明显和势力强大，除了新闻文本的易读性、内容的重要性是制约传播效果的传统因素之外，内容的可沟通性、交互性和开放性也变得越来越重要。因此，数据新闻在表达方式上的可识别度就会成为影响传播效果的关键因素。

对于媒体记者来说，数据素养和数据的结构能力都将成为一种核心竞争力。因为数据的可视化表现方式，不仅考验记者、编辑对数据的掌握程度，也考验着理性思维与人文思维结合中基础逻辑的清晰度和认知力。对任何一种信息的过度解读和演绎，都会伤及新闻本身。构建顺应数据新闻本质需求的表达方式，才是诠释其精神实质的最佳途径。

四　从传统新闻到数据新闻的能力转型与思维融合

当下，中国数据新闻尚处在摸索阶段，还未形成完整独立的价值体系和明晰的结构框架，对传统新闻的依附更显示出其主体性的缺失。数据新闻的表达形式与新闻内涵的有机统一，迫切需要新闻从业者以全新的认知理念重新构建新闻的生产模式，实现对传统新闻生产能力的转型和思维的融合，使新闻在新的媒介生态中，实现对自我价值和身份的重新发现及定位。

首先，新闻从业者面临着对新闻认知能力的转型。数据新闻借助于"大数据"理念和技术开辟了新闻生产的新场域，是传媒对信息价值认识的再次深化。与之相应的是，新闻生产的起点也将从事实转移到数据，这种变化必将引发记者、编辑从对事实层面的新闻认知能力向数据科学思维能力的转型。数据是数据新闻的核心要素，这种新的新闻生产方式形成了一种以数据知识、数据结构为导向的科学认知坐标，因此，对所有数据的认知都必须经过统计模型、IT 技术等科学手段和技术指标的过滤，记者、编辑才能"清洗"出有效数据，并从基本层面对新闻做出判断，实现数据向新闻的第一步跨越，保证数据使用的科学性和准确性，并与新闻的核心价值观保持一致。与此同时，还要善于挖掘数据背后所蕴藏的新闻，即寻找数据与新闻之间联系的敏锐的认知能力。数据新闻报道通常有两种方式，一种是先有问题，然后根据问题寻找相关数据；第二种是数据本身就是问题所在。在这两种方式中，不论数据是作为新闻本身还是作为解读新闻的工具，都要把数据放置于某一语境中，将数据再次还原于社会生活的再建构。数据本身是没有意义的，如何在数据中发现新闻，使数据具备新闻价值和成为新闻话语中的一部分，从而完成数据的意义生产，无疑是实现其最大价值的关键。因此，对数据的认识就不仅是一种科学的辨识力，还必须有洞察社会生活的思想深度，才能捕捉到数据与新闻之间的内在联系，其实质就是人文思维与科学思维的整合和创新。[①]

其次，要具有运用数据表达新闻的能力，即运用新闻的人文性思维解读抽象数据的能力。数据新闻不应仅仅是简单的数据的呈现，而是在这种呈现的背后能够抵达"新闻"。尽管数据新闻的实践和理论都认可其具有"讲述故事"的本质，但这种认识无疑更侧重于工具理

[①] 张原：《从传统新闻到数据新闻的能力转型与思维融合》，《中国社会科学报》2014年 8 月 6 日。

性，强调满足新闻生产实用层面的诉求。在这个变得越来越复杂的世界中，新闻的概念也变得日益模糊，其内在价值不断受到新媒体技术的挑战。记者能够提供对事物发展线索的梳理和思考，无疑是新闻重新塑造自身社会功能的一种重要取向。在实践中，实现这两种精神的并行不悖和相辅相成已成为众多新闻从业者探索数据新闻坚持的基本原则。因此，在数据新闻生产中，记者、编辑应将人文思辨性的阐释、解读新闻的能力与科学认知分析能力相融合，使新闻传统精神的精华与科学理性逐渐走向汇聚。这两种认知能力的相互融合和自由转化，才能构建数据新闻完整的价值体系。

最后，数据新闻在表达方式上的突破，对于媒体记者来说，则意味着传统新闻表达的语言能力要向信息图表的结构能力转型。数据新闻对传统新闻最大的突破即表现在形式上。这种以数据分析为逻辑起点的新闻样式，其表达方式被称为数据可视化，可视化是数据新闻的基本特征之一。它主要通过具有交互功能的信息图表，实现信息传播的形象化、互动化，揭示内在的关系并表达观点。它不仅是受众与媒体沟通最直观的界面，也是用户体验的第一现场，因此，它的呈现能力直接影响新闻的传播效果。而这也恰恰是当下中国数据新闻停滞在相对较低水平的一个主要原因。伴随着媒体社会化的迅猛发展，制约传播效果的传统因素除新闻文本的易读性、内容的重要性之外，表现方式的可沟通性、交互性和开放性也日益成为核心要素。

目前，数据可视化表现出三种主要趋势：其一，信息图表直观呈现数据信息的内涵；其二，以图代言；其三，综合集纳多元信息的动态图形。信息图像作为一种新的新闻叙述语言，具有信息的导航和整合功能，往往需要具备设计、数据分析及新闻这三个领域的知识结构，且融合了新闻认知、数据分析和制作图形或图像等多种能力，它是传统新闻表达能力的一种衍生和转化。伴随着"读图时代"影响力的日益深化，能够准确而清晰地架构数据的时空布局并有效传达新闻内容的能力，必将成为未来新闻生产的核心竞争力之一。当前，国内数据新闻在可视化方面的不足之处，既体现在其表现形式的简单化和平面化，同时也反映在对新闻内容传达的表面化。可以说，它们在多样化形式与新闻深度两种维度上尚未形成良好的互动和联系。努力培养二者互动的同时，我们还应认识到，数据可视化是新闻内容呈现的一个重要形式，居于形式背后的内容才是最闪亮的新闻点。

作为一种全新的新闻样式，数据新闻承载了传媒业对于传统新闻拓展的众多期许。数据新闻蕴含着人文思维与科学思维的融合和交锋，工具理性和人文情怀的碰撞与交融，这种内在张力必将会成为未来新闻发展中的共同主题，也会成为新闻从业者专业能力转型和思维融合的逻辑起点。然而，不管新闻业多么受制于外界环境，与它品质最直接相关的，仍将是新闻人本身，只有秉持对新闻变革的自觉意识和积极作为，才能在这种对话与融合中找到新闻发展新的契机。

五　电视数据新闻的趋势与反思

当前，尽管数据新闻被业界视为炙手可热的新贵，成为保持新闻专业水准和突围的重要推动力量，但我们必须清醒地认识到，在大数据的应用和理念不断渗透传媒业的背景下，数据新闻作为一种重要的发展趋势，其本身的局限性和不成熟性都有待实践的考验和完善。伴随着数据新闻理念与传统新闻理念的对话与融合，重构大数据时代新闻的核心价值观才是平衡各种力量的关键。

第一，新闻功能定位的有效阐释。

对于传统媒体来说，新媒体的迅猛发展带来的并不仅仅是新闻时效性的线性突破，而且还意味着新闻身份的重新定位。在新的媒介环境下，新闻单一的信息传递功能向具有双重功能——传播、解释和分析发展的趋势日益明显。"他或她应该帮助受众从信息中理出头绪。这并不意味着只是简单地在新闻报道中加入解释或分析。相反，这种新型新闻工作者（或者是意义赋予者）必须核实信息的可靠性，然后加以整理，使它能被人们迅速有效地理解。"[1] 近年来，电视新闻通过丰富报道内容，如增加背景材料、背景知识，以及加大新闻评论在新

---

[1]　[美] 科瓦齐、[美] 罗森斯蒂尔：《新闻的十大基本原则》，刘海龙、连晓东译，北京大学出版社 2011 年版，第 17 页。

闻报道中的比例等手段，在此方面做出了许多创新。但是这些作为都仍限于原有新闻框架和技术范畴之内，所产生的动力必将受到这些因素的制约，因而急需吸纳现有体系之外的其他推动力量。

数据新闻的应运而生伴随着数据分析与数据挖掘技术的发展和进步，侧重于从互联网庞大的非结构化数据中揭示有意义的内在的联系、趋势和模式。在报道的内容上、解读的角度上，数据新闻提供了新的报道视野和报道模式，为新闻的解析开辟了更广泛的空间。比如中央电视台在 2014 年春节报道中，同样是报道春运，通过百度地图LBS 定位的可视化大数据，全景式的图像呈现，清晰、明了地展现出春运期间人口流动的趋势、动向、密度，因数据具有即时性、全面性的特点，也使新闻解析更具权威性和易读性。在全国两会期间，中央电视台开辟的两档数据新闻栏目《据说两会》和《两会大数据》中，所选择的报道主题主要集中在近年来的几大热点问题：医疗、房价、就业、网络金融等，涉及民生、时政、经济、文化等领域，对于这些日常新闻报道中频频出现的内容，如何能在两会期间有所创新，除了传统新闻采用的常规采访、选题创意等手段之外，通过对大数据的采用，在表达形式和表现内容方面提供了全新的范本。比如对医患纠纷发生地区的解读，大数据表明在南北方出现了不同的概率，其原因从数据中显示则与南北方人均医院数量有关；对文化方面的解析，通过大数据发现，2013 年各类电视剧收视情况的调查表明，不同性别对电视剧关注类型有很大区别。这种数据新闻不仅具有情感上的接近性，还充满小小的趣味性，与传统新闻相比也更加生动活泼。数据新闻不仅提供了新的新闻内容，而且还极大地拓展了新闻的生存空间。数据新闻运用外部知识模式和知识结构提升了新闻的解释和分析能力，并提高了新闻的可信度，将技术力量转化为内容力量。

第二，电视传播技术特性的深度挖掘。

大众媒介的发展必然受制于技术特性内在规定性的限制和影响，对于中国电视新闻来说，其创新路径始终围绕着对传媒本身"回归"这一主题。这种对技术逻辑的尊重与肯定，在很大程度上释放了电视新闻的内在活力，使其呈现出更为鲜活的样态。因此，对电视媒介自身传媒技术特性的深层次挖掘和充分利用无疑是电视新闻创新的重要选择。电视传媒在技术上的传播特征主要诉诸视觉和听觉要素的运用，其中既包括视觉性非语言符号，也包含有声语言符号、听觉性非语言符号以及体语等传播符号。这使电视媒体在新闻信息传播中鲜明地体现出真实性、现场感、生动性的特征，"电视增强了我们目睹新闻的能力"。[①] 在传统新闻理念的视阈下，电视新闻直播日常化成为表达这种技术特性的主要方式，但是随着媒介技术手段的进步，数据可视化不仅可以体现这种技术优势的多元化，而且还为深化这一优势创造新的可能。

在电视新闻中，数据可视化不仅可以充分呈现图表、地图等静态表达方式，还可采用先进的动画、人体成像和人机互动技术等动态方式，在平面空间和立体空间中展现出内容的形象化、时空的层次感、信息的交错性和逻辑的连续性。而且数据可视化电视新闻中，以时间顺序架构内容，信息可分布于多个画面中，再辅之以主持人的解读，数据的形象化表达方式显得极为丰富和清晰。例如，中央电视台的《两会大数据》和《据说两会》中，就突出地使用了图表、表格、动画等视觉要素，尤其是主持人欧阳夏丹在演播室中使用全新的立体成像技术和人机互动技术，在第一天的两会大数据栏目中分析全球对两会的关注度时，采用了大小不同的动态的悬浮球体，信息清晰、画面生动。这种传播方式可使电视媒体技术的传播特性得到最大化的呈现，因此能够给观众留下较为深刻的印象。

第三，新闻生产空间的开放与多维延展。

在新的媒介环境下，原先那种由新闻机构采制新闻的单一模式被新闻生产的交互式、多元化所代替。这也使新闻生产的空间、话语和主体变得日趋复杂，同时也成为影响传播内容、传播效果的重要因素。顺应这种发展潮流，对于传统媒体的演变和发展具有重要的意义。从这个角度来看，数据新闻所构建的开放式的生产方式，既符合

---

① ［美］科瓦齐、［美］罗森斯蒂尔：《新闻的十大基本原则》，刘海龙、连晓东译，北京大学出版社 2011 年版，第 17 页。

这种技术性的要求，也使这种创新获得了实践的生命力。对于电视媒体来说，使用数据新闻意味着需要借助于其他社会化媒体获取大量公开的数据。目前媒体搜集大数据可以概括为以下几种方式：一是采用网上公开、免费获取的数据；二是与运营商合作对网络搜索引擎、社交媒体内容、用户数据进行深度挖掘；三是利用政府机构、企业等发布的公开数据；四是通过调查或众包的形式收集数据。例如，央视在两会期间就采用了360搜索、百度、亿普赞等公司提供的数据，挖掘百姓最关心的问题，呈现事物的发展趋势。在数据的选择上，"央视除了在以上方面加大了力度，更加注意到数据采集范围对分析结果的重要影响"。[①] 这种新闻生产方式的开放性，拓展了记者发现新闻的渠道，加强了不同媒体间的互动，强化了媒体整合搜集数据的能力，也大大提升了数据的价值。斯坦福大学通过对纽约时报、卫报、今日美国和 NPR 四家媒体的"开源应用"分析发现，通过知识共享可以促进传播手段创新，形成的创新网络又可回馈研发。[②] 在数据新闻的生产过程中还需要大量使用免费的网络分析工具并开放这些数据，让更多的用户参与到新闻的生产中来，实现数据的"众包"模式。BBC、《卫报》等数据新闻的先行者都成功地将数据开放且应用在对用户的个性化定制和交互方面。《卫报》在数据新闻频道里设置了数据搜索栏目，提供世界各国政府数据库的链接，而且每一篇报道中所使用的相关数据都可供用户下载。"信息传播中的受众向用户转变，他们要求信息传播中增加更多个性化的定制信息，而且逐步参与到新闻内容产制体系中。"[③] 电视媒体由于在国内仍具有强大的影响力和传播力，因此，如果可以有效地利用数据新闻，将会为建立新闻生产的开放平台提供更多的机会，同时，也会进一步推动数据的公开化和大数据的

---

① 人民网：《大数据分析引爆央视两会报道》，2014 年 3 月 17 日，http://media.people.com.cn/n/2014/0317/c40606-24658421.html。

② 仇筠茜、陈昌凤：《大数据思维下新闻业创新——英美新闻业的数据化探索》，《中国广播电视学刊》2013 年第 12 期。

③ 方洁：《数据新闻：大数据时代新闻表达方式的创新》，《中国社会科学报》，2013 年 10 月 30 日。

使用。

事实上，数据新闻的实践已证明，不论是在哪种传统媒体中运用这种新的新闻报道方式，它都可以很好地促进新旧媒体的融合。对于电视媒体来说，对数据新闻的运用，完全可以实现跨媒体、跨平台的内容整合。从这个意义上来看，数据新闻开启电视新闻创新的这三重空间，就应该是一个多媒体交融的立体空间，而不仅仅是指在电视这个单一媒体中。

第四，新闻教育理念的更新与内容的扩展。

当今社会处于快速变化的时代浪潮之中，互联网+时代的到来，人工智能技术的飞速发展，促使生产方式不断变革，同时也促使人类思维不断变革。生产方式的变革在一定程度上决定了社会对于人才的需求，进而决定了教育对人才的培养方式。与技术相生相伴的新闻事业尤其如此，在新媒体技术层出不穷的背景下，新闻教育的水平不仅决定着新闻业从业者的整体水平，更决定着新闻事业未来的发展潜力。培养人才的主要场所在学校，但不可否认的是，在新的时代背景下，国内的新闻教育，尤其是经济、媒体发展较落后地区的新闻教育理念、目标、形式和内容都落后于时代需要。为了实现新的培养目标，客观上需要新闻专业的培养方案作出相应的变革，对学习内容、标准、资源和进程等课程体系进行全新的设计、规划，并需加大资金投入，让新闻专业的大学生深入了解最新媒体技术，这是庞大的探讨体系，值得整个新闻界关注，限于篇幅，本书不再深谈。

数据新闻作为一种新型的新闻传播方式，集纳了新媒体技术与新闻理念创新的双重因素，开辟了媒体新闻生产新的视阈，给予了新闻发展新的技术支点。但我们不能忽视的是，对于新闻来说，最重要的依旧是新闻人的专业水准和职业操守。随着数据新闻在各类媒体的大量出现，最初感观上的新鲜度已大大降低，随之受众的关注度将会重新转移回内容，即新闻内容的品质和社会价值。面对这种新的新闻报道方式，传统新闻的优势依然存在，因为传统新闻的采制模式尽管会随着新媒体技术的发展适时调整，但它的准则和惯例仍是今天新闻业的基础，"热门网络产品——不管是谷歌、脸书、亚马逊，或是如

《赫芬顿邮报》这样的聚合引擎，都直接或间接采纳新闻采写模式，否则，就没有任何拿得出手的内容"①。在此基础上，新闻理念的转型与融合，也会成为推动新闻模式转型的内在推动力量。

数据新闻对电视新闻创新的价值不仅将成为传统媒体转型发展的新契机，同时这种新的新闻生产方式也会借助于电视媒体的影响力拓展其应用的范围和传播效力。在这种双向互动作用下，电视媒体对新闻报道形式的创新就不再是传统媒体自我更新的被动状态，而具有了新媒体借力传统媒体的主动自觉性，也因此会产生无限的潜力和动力。目前，数据新闻应用较为活跃的是纸媒及自办网站和新闻门户网站，它们凭借敏锐的新闻洞察力和技术转化能力，实现了新闻理念和报道方式的转型与创新，这些成功的经验如果能被电视媒体吸收、利用和改进，充分发挥电视的技术优势与传播影响力，那么数据新闻将获得更为广阔的生存空间，而数据新闻对电视媒体与新媒体的融合无疑将进一步提高其凝结度。

尽管数据新闻仍在摸索和不断实践中，但数据新闻中却包含了许多新闻发展趋势中的潜在特质，如技术上的科学思维、文本的交互性、生产的开放性、新闻的可视化等等。因此提高数据新闻的生产水平就必须从源头——数据的收集、分析、呈现等各个环节保证其具备专业或行业的技术标准。同时在新闻人才的培养上，则需要更加多元的技术能力和新闻认知、思考能力，在数据新闻专业队伍的建设上，也需要兼具新闻生产的团队合作能力和新闻从业者个人分工细化的突破能力。这些对于电视媒体来说，无疑都意味着在未来的新闻变革中，从人才需求到新闻生产流程、新闻理念等各环节更加全面地走向业态转型的时代变局中。

---

① 周红丰、吴晓平：《重思新闻业危机：文化的力量——杰弗里·亚历山大教授的文化社会学反思》，《新闻记者》2015 年第 3 期。

第四节　电视直播新闻：电视语态转型的技术路径

媒介发展的历史就是一部不断实现技术创新与融合的历史。在传统媒体当中电视是技术特征、技术水平和对技术设备要求最高的媒介。也正是因为这些独特的技术手段使其获得了其他媒介无法抗衡的优势。与此同时，电视的传播水平又往往是以技术手段为依托，在这个过程中将电视的传播特性和优势逐步呈现出来。所以与其他媒介不同的是，电视的传播方式就构成了新闻的一种报道形式——直播新闻。电视通过与卫星等远距离传输手段的结合，使电视信号能够借助卫星远距离传播，电视因此获得了现场直播新闻的可能。这种直播技术成为展现电视传播魅力，改变新闻传播理念，使新闻进入到同步播报时代，并最终使电视直播常态化的技术力量。全球首家新闻直播频道 CNN 的创始人特纳曾说过，"即使到了世界末日，CNN 也要直播到那一刻"。可以毫不夸张地说，电视直播是电视的一场革命，而电视直播同样也是使电视获得主流传播话语权最重要的传播技术。电视直播的常态化使直播成为了电视媒介传播信息的一种主要范式和话语形态。

一　电视直播新闻的分类与特征

电视新闻采访的技术特征随着技术变迁不断完善。初期采用 16mm 胶片摄像机，新闻产品没有现场感和参与感；随着技术演变，电子新闻采集时期（ENG、EFG）技术设备的轻便性使电视记者更便捷地接近现场，并使同期声成为信息的重要载体。在卫星新闻采集时期（SNG、SDNG），使用全数字信号，推动新闻定义的发展——新闻成为正在发生的事实的报道，实现新闻直播化，并改变了人们对事实的认识，过程式取代结论式。

根据直播内容与形式的不同，电视直播大致上可以归纳为三类：第一类是演播室直播，串联性是其最大的特性，主要是按照电视台事先设定好的节目编排，按照固定的流程和方式，让节目的录制和播出同步进行，在很多电视台体现为直播的新闻栏目。第二类是议程式直播。例如每年的全国"两会"、2008年奥运会开幕式等，不同于演播室直播，电视媒体在这种直播中是处于被动状态的，要严格按照各种会议、活动的议程来进行，除了在直播机位和画面上能够做细微调整外，就整个进程来看，活动结束意味着直播结束，更注重对新闻现场的呈现和追踪。第三类是新闻现场报道的直播，这其中最典型的就是突发事件的直播。由于突发事件的不可预测性和持续性，电视台通常要打断正常的节目播出来插入对于突发事件的现场直播，并能有效形成关注热点，带来较高的收视率和影响力。例如2008年汶川地震的救援报道，中央电视台、四川电视台、上海东方卫视等多家主流电视台进行了全天候的直播。尤其是国家级媒体中央电视台在地震发生后的20分钟迅速展开了长达12天的直播报道，开启了中国电视媒体直播报道的全新历史。

电视直播新闻通过对新闻现场进行全方位、立体化的直播报道，全面展示新闻事件的真实过程，将原生态的信息在第一时间传递给受众，可以达到最佳的传播效果。电视直播新闻主要有以下特点：

1. 体现新闻的本体价值。电视新闻直播体现了新闻报道中的核心理念"速度"与"真实"。直播新闻不仅能够将观众带入"此时此刻"正在发生的真实场景中，而且这种身临其境也会使受众体会新闻当事人在现场的情感变化。速度与真实始终是新闻传播中的母题，直播打破了新闻传播的时空限制，使新闻传播获得了更大的自由空间和传播主动权，由此又使新闻的真实性上升到了一个新的高度。真实被看作新闻的生命，但是在所有的新闻概念中真实也是最受质疑的。直播技术使观众可以同步了解正在发生的新闻，最大限度地拉近受众与新闻本源的距离。与此同时，这种新闻报道方式又使受众与重大的历史时刻发生了内在的联系，在个体记忆与集体记忆之间显现出媒介建构认同的力量。如1997年香港回归央视大型新闻直播报道，若不是采用直播形式，国人很难在电视机前感受到来自现场的氛围，香港政权交接仪式那激动人心的场面也不能同步呈现在国人眼前。2017年恰逢香港回归 20 周年，中央电视台再次进行了 36 小时不间断的直播，以此纪念这一伟大历史时刻。

2. 电视新闻直播更好地诠释了新闻的"真实性""可信性"。真实是新闻的生命，新闻业以此为终极目标和专业价值标准。在实践中不断突破技术手段和内容呈现上的束缚，试图达到更高的水平以诠释新闻真实性的真正内涵。正如著名记者柴静所说：新闻的真实性是一个不断接近真实的过程。新闻始终在追求真实的过程当中。直播新闻由于与新闻现场零距离的传播，可以以最快的速度、最大限度地展现新闻发生的过程，这种伴随性的报道方式提供了了解新闻事件最新动态的可能性，也就将原先对新闻报道的后置性改变为同时性，而且由于电视直播能够提供新闻现场的画面，减少了后期编辑的可能性，这就使受众对新闻的接受更为直观与清晰，这种眼见为实的现实心态大大增强了新闻传播的可信性。事实上，这种新闻报道由于减少了信息过滤的环节，不需要完全依靠专业记者的语言描述，而是运用直播画面与专业记者现场报道相结合的方式进行报道，甚至在一些关键时刻仅仅使用电视直播画面，这些报道方式也最大可能地保留了新闻的真实场景和过程，使电视直播新闻的可信度得到了充分的体现。

3. 电视直播新闻的不可预测性，提高了新闻的社会影响力。电视新闻直播是对正在发生的新闻事件进行的报道，动态式的报道方式体现了新闻事件发展的不可预见性，电视所直播的新闻事件的发展过程和结果是之前无法准确预测和控制的。因此，电视直播新闻对观众具有很强的吸引力，尤其是对一些突发事件的报道，例如，2013 在泰国发生的劫持人质事件，泰国媒体对整个事件进行了全程直播，虽然在新闻发生的动态过程中获得了极高的收视率和巨大的社会反响，但是由于没有把握好直播新闻的专业和基本的伦理标准，给警方的营救带来巨大的负面影响，负有不可推卸的责任。正因有如此巨大的社会影响力，所以电视直播新闻对专业水平和专业素养的要求又是极高的，至少它要求具备较高的新闻实践的专业水平和直播专业的技术能力，才能在动态、开放、多角度的报道中精准呈现新闻价值，把握新闻传播的关键落点。

二　突发性新闻直播的专业要求

在各种直播类型中，突发性新闻直播是对新闻专业水平要求最高的一种。从时间上来看，直播往往更强调线性的时间空间，但是对新闻报道的角度、理念、时间落点和机位布局又是最能表现新闻媒体专业价值认知的核心内容。所以对媒体来说，直播往往是多纵面、多时空、多方位的技术与理念的交集与呈现。而突发性事件背后又往往代表着现代社会发展的不确定性：自然灾害、事故灾难、公共卫生安全事件、社会安全事件等，不仅给社会、家庭造成重大的财产损失，而且威胁到人民群众的生命安全，严重影响了正常的社会秩序。因此，对突发新闻的报道也是体现媒体社会责任的重要视角，消除信息的不确定性是新闻存在的核心价值，为了消除突发事件在心理上给人们带来的巨大的冲击力和伤害，做好突发事件报道就势在必行。此外，突发事件本身及其所引发的影响很容易激起受众的新闻欲望，有新闻需求的地方就会有新闻竞争。因此，在传受双方共同的推进下，电视媒体对突发事件的直播报道不断风靡，不仅可以扩大媒体的社会影响力，提高媒体知名度，而且也为我国民众的新闻生态、舆论环境提供了重要的推动力量。然而不可忽视的是，由于在突发新闻直播报道中受到了各种规制的约束，所以某种意义上对速度的追求并不仅仅是一个专业问题，在其背后是其他的更为强大的力量。

在广义上，突发事件（emergency）可被理解为突然发生的事情：第一层含义是事件发生、发展的速度很快，出乎意料；第二层的含义是事件难以应对，必须采取非常规方法来处理。从流行病学的角度来看，突发事件又常被称为突发性公共卫生事件、突发卫生事件和公共卫生突发事件，可定义为由各种自然或人为原因所引起的在某一短时间内出乎意料地发生，能造成众多伤亡或对人群的生命和身心健康构成威胁，可产生一定强度或广度的公共卫生影响，需要卫生机构联合多方面力量，立即采取行动紧急救援和处理的事件。根据我国 2007 年 11 月 1 日起施行的《中华人民共和国突发事件应对法》的规定，突发事件是指突然发生，造成或者可能造成严重社会危害，需要采取应急处置措施予以应对的自然灾害、事故灾难、公共卫生事件和社会安全事件。按照社会危害程度、影响范围等因素，自然灾害、事故灾难、公共卫生事件分为特别重大、重大、较大和一般四级。突发性事件在现代社会层出不穷，但面临责任不够明确、应对能力不强、应急制度不完善、自救互救能力不强等危机。能否做好危机报道，是新闻界能否在危机社会承担媒体责任的直观表现。

最能反映这一权责关系的莫过于 2015 年天津港爆炸事故发生后天津媒体的表现。2015 年 8 月 12 日晚 11：20 左右，天津港国际物流中心区域发生爆炸，截至 13 日 18 时，造成 50 人死亡、701 人住院治疗，现场情况惨烈。《新京报》、《北京青年报》、新浪、搜狐等媒体连夜赶至事故现场，发出第一手报道，但令公众大跌眼镜的是，事故发生 10 小时后，天津卫视依旧在播放韩剧，其下设的近 10 个频道从事发到次日上午 10 时，对爆炸事故报道失语。思想保守、方式官僚、行动迟缓，"天津是没有新闻的城市"在网络上引起热议，对天津当地媒体的公信力造成重大影响。

对于突发性事件报道的研究一直是学界研究的重点，对此不再赘述。有两点需要注意：

第一，即时报道的意识要强化。时效性对于新闻的价值不言而喻，"抢新闻"成为众多媒体提高影响力的好抓手。独家报道不仅体现在采访人物、采编思路的独特性上，对于突发性事件尤其体现在独家发声、首家发声。因此，应该用"争分夺秒"来取代传统意义的"抢新闻"，用"即时"取代传统意义的"及时"。突发性事件的电视直播要第一时间呈现 UGC 内容，对于重大突发事件，媒体要在第一时间派出记者深入现场。"你拍得不够好，是因为你离得不够近"，只有近距离逼近现场，才能跳出用户录制内容的浅尝辄止，最大限度地逼近真相。"非典"报道中柴静的勇敢表现就是很好的案例，她也因此得到观众的尊重。

电视直播突发性事件不仅是用即时报道来逼近真相，而且可以用即时报道来控制谣言。当今网络普及，人人都有麦克风，众人的言论都有传播的渠道，而以此为基础形成的网络舆论对于社会稳定、国家安全影响深远。但重大舆情常常伴随谣言。传播学者克罗斯提出的谣言公式如下：

谣言＝（事件的）重要性×（事件的）模糊性÷公众批判能力

谣言与事件重要性、模糊性成正相关关系，突发事件发生后人心惶惶，如果权威电视媒体第一时间失语，便在信息模糊性上为谣言的产生滋生了病菌温床——你不说，民众就来猜；你说晚了，谣言就有了存活的时间。正是因为权威信息的缺席，才为不良居心的谣言提供了可乘之机。加之移动互联网时代，谣言依靠移动终端的便捷、便携、即时、定向等特性，其传播范围、传播速率不可估量。谣言止于公开，信息公开不仅能提高媒体公信力，也是满足公民知情权、遏制谣言的根本途径。只有占据信息源，依靠其权威性并依托媒体的传播力来实现信息公开，才能抢占舆情主导权，才能消除信息不确定性，才能稳民心、做实事。

第二，报道形式要灵活。突发性事件的电视直播要及时，但由于电视媒体从业人员的有限性、时空的限制性，即使知道情况就立即出发，也不一定能快过当地民众的信息采集、传播速度。随着智能手机、移动互联网的普及，拍照片、拍视频、网络发布已成为基本的民众媒介素养，网络信息资源也成为电视媒介获取信息的重要途径。因此，在突发事件发生后，电视媒体应立即核实、迅速传播。但事件的复杂性、时间的迫切性常常导致报道失误，因此，电视媒介在利用社交媒体做突发事件的前期报道时，借鉴 BBC 社交新闻助理编辑 Mark Franker 和 Reported. ly 总编辑兼欧洲主播 Malachy Browne 的经验，应有以下几方面的考量：

1. 及时更正被证实的真相。当最新报道潮水般汹涌而来时，应用最新的、被证实为事实的信息来更正不确定的信息，在动态中靠近真实、传达真相。

2. 把好质量关，成为突发事件中最快速而值得信赖的媒体。单纯追求迅速发布并非良策，只有又快又好才能成为观众值得信赖、值得守候的媒体。电视媒体具有庞大的社会影响力，因此，在突发事件发生时，不能做谣言的助推器，而应该做信息核实者、筛选者。

3. 依靠社交媒体，找到离事件最近的人。拘泥于"非专业""非本媒体从业者"这一条件，而忽略了具有基本素养、时空优势的距离事件最近的目击者，无疑会失去时间上的优势。因此，电视媒体要冲破保守的采编思路，利用社交媒体第一时间找到最合适的现场记录者。

4. 做好万全准备，准备社交媒体清单并做好实时更正准备。社交媒体的清单需要电视媒体长期积累，在各个地区、各个行业寻找自媒体合作人并与之建立良好的关系，可在紧急情况发生时有意外收获。突发事件发生后，临时完善清单、随时保持联络，并利用自身的社交媒体账号、电视媒介及时更正、公布信息，可提高信息的更正效率和传播效果。

三　网络电视新闻直播

当前电视节目依旧是网络受众获取权威信息的重要渠道之一，电视作为传统主流媒体在新闻报道中仍占有不可比拟的优势。但不可忽视的是，传统观看方式受到移动观看方式的挑战。根据中国互联网络信息中心（CNNIC）《第 35 次中国互联网络发展状况统计报告》，近两年，用户在 PC 端收看视频节目的比例在持续下降，而在手机端收看视频节目的比例则在持续上升。截至 2014 年 12 月，71.9% 的视频用户选择用手机收看视频，使用率为 71.2%，手机成为收看网络视频节目的第一终端。2014 年，CSM 媒介研究了所有调查城市的收视数据后，细分了不同年龄段观众的收视时长，发现新媒体依然在 15—34 岁观众群中渗透着自己的影响力。电视方面，青年观众的收视量呈现逐年下降的趋势，35—64 岁观众人均收看分钟数比 2013 年也略有下降，电视的忠实观众依然是 65 岁及以上的老年群体。忠实受众的老龄化为电视新闻的长远发展带来严峻挑战。传统收视方式的优势在媒介技术的引领下导致了受众的疏离，而那些以直播技术为核心的终端转移，其实也使电视直播不得不重新思考自身的定位。事实上，在电视传播专业化水平日益提升的背景下，我国电视直播也已进入到常态化时代。特别是在媒介融合的驱动下，电视直播也已从单一屏幕变为了多屏直播时代，而且网络直播在给电视直播带来新的挑战的同时，也为其重新找准定位提供了新的契机。

2016年被称为网络直播元年，网络直播吸取和延续了互联网的优势，利用视讯方式进行网上现场直播，可以将产品展示、相关会议、对话访谈、在线培训等内容现场发布到互联网上，利用互联网的直观、快速，表现形式好、内容丰富、交互性强、地域不受限制、受众可划分等特点，加强活动现场的推广效果。现场直播完成后，还可以随时为读者继续提供重播、点播，有效延长了直播的时间和空间，发挥直播内容的最大价值。

国内"网络直播"大致分两类，一是在网上提供电视信号的观看，例如各类体育比赛和文艺活动的直播，这类直播原理是将电视（模拟）信号通过采集，转换为数字信号输入电脑，实时上传网站供人观看，相当于"网络电视"，由央视国际网络有限公司主办的中国网络电视台（英文简称CNTV）就是很好的案例。中国网络电视台是中央电视台旗下的国家网络广播电视播出机构，于2009年12月28日正式开播，已建设网络电视、IP电视、手机电视、移动电视、互联网电视五大集成播控平台；另一类则是真正意义上的"网络直播"：在现场架设独立的信号采集设备（音频+视频）导入导播端（导播设备或平台），再通过网络上传至服务器，发布至网址供人观看。这类网络直播较前者的最大区别就在于直播的自主性：独立可控的音视频采集，完全不同于转播电视信号的单一收看，典型的案例是中国网对2017年全国两会直播特别策划的"现场直播"，成为两会报道的一个亮点。中国网的"网上直播"栏目是全国"两会"、党的十八大及国务院新闻办公室新闻发布会指定直播媒体平台，常年为国家发改委、商务部、国家卫计委、国台办等国家各部委及其他活动提供视频直播服务，在业内拥有强大传播力。

2016年这个"直播元年"，由于相关管理的空白、市场的高度回应以及资本的介入，在移动互联网普及的前提下带来了网络直播的井喷发展。最常见的网络直播是互联网与娱乐的整合，直播游戏、舞蹈、脱口秀等，甚至出现了备受诟病的"嗑瓜子""吞电灯泡"等以内容庸俗为吸睛点的网络直播，此类内容不在本书探讨范围内。将互联网与新闻结合起来，以视频形式传播的"网络新闻直播"可以为政务公开会议、群众听证会、产品发布会等提供方便进入的传播平台，也可以为传统电视媒体输入崭新的新闻信息来源、采编方式、传播渠道，因此，网络新闻直播是完善电视新闻直播的重要途径。

同样是 2017 年两会报道，人民网联合腾讯网重磅推出超 100 小时的大型视频直播节目《两会进行时》。人民网负责内容生产，腾讯网提供技术与平台支持。通过整合人民网的权威品牌、新闻生产资源优势和腾讯网的渠道、技术优势，为受众提供全视角、多层次、移动化的两会直播体验。从 3 月 3 日 9 时起，《两会进行时》贯穿两会始终，每天 9 小时不间断直播，内容涵盖两会核心议程，以及前方记者的一线报道、高端访谈、权威解读、会场花絮及创意微视频等各个方面。其中，《最前方》为记者主播出镜，实时报道会场盛况；《高谈客论》将邀请副部级以上官员与网友互动；《两会开放日》将实现媒体联盟的多角度报道；《两会全媒派》将带领用户梳理当日媒体热点，第一时间把握两会信息。此外，为了使两会期间更多优质视频直播内容可以更好地抵达用户，满足国内外用户全方位观看两会的需求，人民网、腾讯网还共同打造"两会直播报道联盟"平台，国内报纸、杂志、广电媒体都可以在两会期间加入报道联盟，共享直播信号、共享技术平台、共享人民网和腾讯网的巨大分发能力，共同打造两会直播报道的盛宴。

这一新旧媒体融合、传播内容矩阵化的崭新直播为电视新闻直播带来了新的挑战，也蕴含着突破的新机遇。"电视直播常态化作为新闻观念和直播技术双重进步的结果，体现了传播者、传播理念、把控能力和管理方式的全面提升，具有中国传媒进步的标志性意义。"[1] 然而，观众在经历了最初的新鲜和好奇后，对当下电视直播常态化中惯用的表现手法和操作流程也出现了审美疲劳，与此同时，在电视实践中那些特别专注于技术层面的直播又常常迷失在新闻本体与新闻伦理

---

① 李之：《直播常态化：历程、意义与趋势》，《现代传播》2003 年第 5 期。

的失衡中。所以，近年来我们虽然看到越来越多的电视直播新闻，但是在现实语境的框架下，由于不能在时间上与新媒体匹敌，那种对新闻本质的诠释就往往淹没在对技术的迷失中，这种话语权优势的消失其实正是源于对自身专业价值的迷茫。事实上，我们在深入观察电视直播新闻后不难发现，它的意义不仅仅在于专业价值层面，更重要的是这种技术手段所承载着的新闻从业者的社会情怀和职业理想，它作为一种对新闻专业主义精神的自觉意识和自觉行为，拓展了新闻的话语空间以及与社会对话的可能。正因如此，电视直播新闻的核心就在于以新闻专业主义的价值立场和专业判断表达新闻人文关怀的内在本质。从这个意义上来看，电视直播与网络直播尽管面临着技术手段上的重叠性，但真正能够成为主流形态并超越技术以及表面竞争的是那种能够抵达和实现直播新闻精神实质的类型。这种寄居于理念层面，打通了技术、专业、制度与思想等多层面的新闻报道，既要能坚守新闻的核心价值，同时又要不断创新表现手法，提升内在的活力，在技术与新闻的衔接中，避免陷入为技术而技术的直播怪圈中，才能真实回归传播的本义，才能在媒介融合的现实语境中找到电视直播的正确定位和明确身份。

第五节　电视新闻评论：新媒体时代电视突围的价值引领

2013 年 1 月 23 日，中央电视台最权威的新闻节目《新闻联播》中，评论员杨禹正式亮相，这也是该节目开播 35 年来第一次引入评论员。央视评论员杨禹出现在与主播郎永淳的连线中，就近期社会集中关注的"舌尖上的浪费"问题进行了直播评论，认为刹住浪费之风，关键从三"公"入手：公款、公务人员和公众。电视新闻评论的兴起早已不是业界的新鲜事，但是国家级媒体中最重要的新闻节目以如此抢眼的方式做电视新闻评论，其重视程度可见一斑。

新闻评论是媒体表达态度、意见、思想最直接的方式，这也是与其他新闻体裁最大的区别。中国电视新闻评论尽管在理念上和节目制作上起步并不晚，但由于囿于表达手法的欠缺，所以在娱乐化强势的媒介语境下并没有显示出应有的力量。其实，电视作为中国人认识世界最重要的渠道之一，并不是单纯意义上的娱乐工具，在社会发展和变革的过程中，电视还具有思想启蒙的作用。因此，电视的舆论引导和对话平台的社会功能理应被重视。

电视新闻评论的繁荣也与整个社会的需求密切相关。伴随着中国社会的改革和进步，简单的信息播报已经越来越难以满足受众多元化的认知需求，信息接收渠道的丰富为公众获取更多的新闻提供了可能，但是对于受众来说，此时判断和选择就显得更为迫切。外部媒介环境的改变也同时引发了受众认知能力的改变，受众在社会生活中的主体性得到进一步彰显。我国社会主义市场经济的实行，人们从过去的组织人、国家人转变为现在的个体人、社会人，同时，媒介消费又从这批人中培养出一大批自主意识强、权利意识强、社会责任感强、参与热情高的公众群体，因此，他们有能力也有意愿参与到社会的对话与建构中。媒体单一的话语模式日渐被消解，取而代之的是开放、多元主体的对话式的传播形态和报道方式。传媒与受众身份博弈下的价值链条必然重新确立舆论引导的新方向。在这种变化之下，公众对于媒体舆论引导的认同度与认知度必然有所变化，并逐渐趋于理性。此外，从媒介环境的整体发展来看，新媒体的出现为公众表达意见、传播观点提供了更多元化的选择，尤其是受众在传播的主动权和渠道上获得了极大的解放。新媒体对传统媒体冲击的一个重要方面就是网络媒体已经成为公众表达意见和传递信息的公共话语空间，它比以往任何公共领域都更开放、更透彻、更自由。中国人民大学教授涂光晋曾言，改革开放30年来，中国新闻评论一直承担着社会进步的推动者、社会正义的捍卫者、社会良知的表达者和社会舆论的代表者的职责，虽然这中间有曲折、有进退，但大的趋势是有目共睹和不可逆转的。中国新闻评论的变化，反映了社会的变化与时代的进步；新闻评论本身的变化，也成为社会变化、时代进步最直接的体现者。

一　电视新闻评论的特性

新闻评论是传者借用大众传播工具或载体，对新近发生或发现的新闻事实、问题、现象直接表达自己意愿的一种有理性、有思想、有知识的论说形式。电视新闻评论则是应用电视化手段开展的新闻评论，可以理解为运用电视传播手段做出的新闻评论，是电视传播媒介对当前重大新闻事件或重要社会问题发表意见、做出分析判断或述评的一种电视报道形式。因此，电视新闻评论是集时效性、思想性和技术性为一体的新闻样式。电视新闻评论表现出三大特点，即新闻性、政论性、可视性。

1. 电视新闻评论的新闻性体现了评论依托于新闻的根本特性，也就是先有新闻事实后有新闻评论，具有明显的针对性，在行文上也是紧扣事实，这也是新闻评论与其他新闻文体的不同之处。此外，这种新闻性还表现在它的快速、及时传播上，新闻是时间上的易碎品，新闻评论如果不能在第一时间落点跟进，那么传播效果就会大打折扣，其最重要的品质当下性和针对性就会随时间的流失而失去最佳传播时机。所以，电视新闻评论的优势就体现在它是建立在电视技术传播新闻能力的基础之上，传播对当下具有重要社会意义事件的评价和态度。

2. 新闻评论是一种政论性文体，尽管移植到以视听语言为主要表现形式的电视，政论性特征依旧是其最本质的特点。从外在形式上就体现在它是一种论证的表述形式，从内涵上看它又具有说理的理论性和指导性。新闻评论是一种体现思想性的文体，"新闻评论文章重要，其根本原因在于它是根据现实中反映的问题，运用一定的理论知识，采取论理、分析的方法来反映作者的有形意见（即通过对事实的分析、说明、论证，揭示事物的本质，解决现实所提出的问题，直接表达作者的思想观点，提出希望、意见和要求），达到明辨是非、释疑解惑、相互交流，为读者服务之目的。而消息报道，则是依靠事实，运用感性、叙述的方法，来反映作者的无形意见（即思想观点包含在事实的叙述之中）。相比之下，新闻评论文章的理论性和深刻性要强于一般的消息报道"。①

3. 对于电视新闻评论来说，不仅要在内涵上传播思想，引导舆论，还要在传播方式上体现自身的特点，最为鲜明的特征就是"可视化"。由于评论体裁长于表现观点、思想，又需要有严谨的逻辑论证，从传播符号的角度来看，这都是视觉语言、听觉语言所不擅长的，因为它们都是稍纵即逝的，难以在思想的深刻性上提供有力的传播手段。电视新闻评论的可视性体现在充分让视觉元素与听觉符号相结合，如特约新闻评论员的多元化、主持人评论的个性化、字幕的配合使用以及新闻画面的调动。事实证明，电视新闻评论在这方面并不是无所作为的，注重形象手段与理性思维相结合，将思辨的深刻性融入视听符号的传播过程，体现电视媒体传播的独特价值和优势。

目前，比较常见的电视新闻评论通常有三大类：第一类是为电视新闻配发的评论，主要以口播形式出现，包括本台评论、本台评论员文章、本台短评及编前话、编后语等，既有节目主持人、记者的点评，也有特约评论员的评论，具有鲜明的政治导向性。此外，主持人的点评既有益于突出主持人的个体风格，也可以充分体现新闻评论短小精悍、点到为止的特点；第二类是电视专题评论，将活动图像（同期声）、背景资料、字幕与夹叙夹议的评论报道词有机组合在一起，成为"形象化的政论"；第三类是电视访谈类，这类新闻评论可以发挥电视媒体的视觉传播优势，又不喧宾夺主，现场图像仅仅作为评论由头和论据使用，演播室始终是节目的主导环境，评论员是信息传播的主体，同时，该模式采用多主体交谈方式进行，增强了节目的互动性和观点的多元性，是目前比较理想的新闻评论模式。近年来，电视新闻评论努力探索与视听语言相匹配的传播方式，呈现出新的特点。

1. 电视新闻评论语态的转变

我国电视新闻评论真正的发展不过 20 年左右的时间。早期的电视新闻评论是从转载报刊评论开始的，是一种由文字改换成声画的传播形态与话语方式，其话语主体和话语内容均来自平面媒体，所以根

---

① 赵振宇：《论新闻评论的根本特性》，《新闻大学》2006 年第 1 期。

本无法体现电视新闻评论的独立性和独特性。同时，长期以来新闻评论都被视为一种官方话语体系，它的政治性、导向性占据了主导性地位。然而，在新媒体的驱动下，新闻评论也一跃成为受众可以广泛参与的新闻体裁，新闻评论主体的多元化打破了原本封闭的格局，新闻评论成为主导社会舆论最有力的方式，也使它的社会功能得到了极大的彰显。在这样的时代背景下，那种单纯的自上而下的宣传也逐步向整合社会的多元表达方式转变，由此带来整个新闻评论语态的变化。央视新闻评论员周庆安认为，"电视新闻评论语态是一种特殊的媒体表达方式，它将专业化的知识与相对通俗易懂的语言结合起来，形成了一种能够提高传播效率的语言形态，其目的是将观点更好地传递给观众"①。评论的语态是评论语言和内容在媒体层面展现出来的形态，这种形态的最初设计是由评论者完成的，通过媒体渠道进行二次加工之后，由观众接收并进行再度分析。在电视评论中，这种语态的变化，既体现为对评论形式的设计，又体现为对评论语言的要求，还体现为评论类节目在加工和传播过程中的镜头切换。总体上来看，要使今天的电视观众更好地理解和接受新媒体时代的电视观点，要求电视评论的语态转向更加人性化、对话式的语态。

新闻评论是立足于新闻阐发意见的，所以新闻评论并不是一种孤立的思想，尤其在多媒体共存并立的时代，新闻评论在本质上是构建意见表达的公共平台，这其中就包括新闻与评论的对话、新闻评论主体与受众的对话、受众与新闻的对话，这种开放性极大地开拓了新闻的表达空间，也使原先单一的精英话语向更加人性化、亲民的话语方式转变。新闻评论的舆论引导功能不仅在于能够快速占领新闻的第二落点，更强调舆论引导效果的体现，那么就要求新闻评论能够通过易于观众接受的话语实现观点、立场的有效传播。

2. 电视新闻评论主体的多元化

电视新闻评论在新媒体自由、开放、即时、多元的舆论格局中，最为重要的是要树立舆论引导的权威性。自 2009 年 7 月开始，中央

① 周庆安：《电视新闻评论的语态革新》，《新闻与写作》2010 年第 4 期。

电视台新闻中心建立评论员机制，专门成立了评论员组，负责组建一支特约评论员队伍，电视新闻评论特约评论员开始正式进入公众的视野。在新媒体渗透大众传播格局的过程中，一大批具有社会和专业影响力的人士主动发声，进而引发大批社会舆论，形成舆论生成的新格局。舆论中心的转移和扩散要求电视必须顺应媒体的发展趋势，重新确立自身的位置和主体地位。特约评论员的加入无疑增加了电视新闻评论的活力、权威性和可视性。

　　特约评论员机制充分显现出评论的"时效性""现场观察"和引导观众对新闻进行深入理解的效用。著名电视制作人孙玉胜就认为，特约评论员的引入，是对内容的提升，而非仅仅是节目形式的变化。第一，特约评论员提升新闻评论的时效性。引进特约评论员机制之后，央视新闻频道的新闻出现了大量的第一时间解读，前方记者与评论员同时出现的次数大量增加，在"哥本哈根气候变化"谈判中，后方的评论员和前方记者一起等待最终成果文件，以便于加入评论；对一些突发事件，特约评论员也能够及时跟进，例如 2015 年 11 月 24日土耳其击落俄罗斯战机，央视新闻直播间就请特约评论员洪琳对此进行了评论分析。同样对于一些社会关注的热点，电视新闻评论的独家之言更显理性和高度。2015 年著名商人李嘉诚从大陆撤资，引来各方议论，央视特约新闻评论员杨禹对此作了《谁让李嘉诚跑了》的评论，从"交给市场、交给法治、交给历史"三个角度解读这个事件，彰显央视的胸怀。第二，特约评论员专业的背景和多元化的身份增强了新闻的现场权威感。特约评论员都是各方面的专家和学者，具有评论的权威性。在重要新闻现场，这些特约评论员直接在现场出镜，结合自身的观察和采访，进行现场评论。他们兼具评论员与记者的双重角色，既介绍事实，还同时传递观点。由于深入新闻的第一现场，加之观众对专业背景的认同，有更强的说服力。第三，特约评论员为构建更全面的舆论引导能力提供了新的活力。在当今中国，主流舆论场和民间舆论场出现分化，对于肩负引领主流舆论的国家媒体来说，弥合两个舆论场的分化，增强舆论引导的主动性和权威性是应有的担当。事实证明，评论员参与之后，央视新闻节目的整体时长加大，板块重要性提升，也显示了电视媒体不仅希望准确报道新闻，更希望全面加深对新闻的理解和认知，将碎片化的新闻报道重新加以整合，突出重点和结构化。

作为一种新的电视新闻评论形式，电视特约新闻评论员制仍未形成较为成熟的运行模式，由于其相对独立的身份和个性的气质，也使这种新闻评论在对何事、何时、如何评上存在一定的风险性。所以急需在特约新闻评论的设置、评论员的选择、议题的确定上逐渐形成相对完善的框架。首先，既要与电视媒体的新闻报道重点相契合，也要把握频率和节奏。在电视新闻的整个布局上，仍然保持以新闻为主导、新闻评论配合的机制。无论新闻节目中的嵌入式评论、评论类节目还是特别节目，能够看到配发新闻评论的往往首先考虑的是新闻的重要性和时效性。周庆安在考察央视特约新闻评论员制时谈道：从参与的选题会来看，自2010年开始，央视新闻频道的选题考虑与网络突发事件的契合度开始不断提升。同时特约评论员机制开始尝试向新闻频道推荐一定的选题。这种热点的重合在2011年表现得更为明显。由于2011年里，包括房地产调控、CPI数据等宏观经济新闻，或者郭美美事件、"7·23"动车事故、校车事故等不同类型的突发事件引发媒体的高度关注，新媒体为传统媒体提供了大量一手的信息，也在特约评论员的评论内容中广泛体现。这就说明，一方面电视媒体要在整个舆论格局中占领一席之地，另一方面电视也要能够引导舆论，电视与新媒体的议题既可以形成重合，也可以发起新的舆论热点。对于特约新闻评论来说，选择议题是一个非常重要的内容，例如，央视在早期采用特约评论员评论时的议题就比较集中，国内热点议题相对比较多，而在2014、2015年可以看到越来越多的国际议题成为重点，这一内容也为一些地方卫视开办新栏目提供了新的选择，如贵州卫视的《新闻延长线》、深圳卫视的《决胜制高点》等。考察当下这类新闻评论会发现，由于新闻选择的被动性，也导致了议题之间的关联性并不明确。也有学者提出，央视评论员机制目前存在的问题主要有"评论领域分工不够细致，评论议题相对集中，评论的角度相似，过于抽象化、概念化、理性化"等问题。但是我们可以看到，事实上针对不同的议题评论员的选择还是有侧重的。如果基于央视的立场与身份，作为国家电视台的角度考虑和设计议题，必然会形成评论角度相似、立场相似的情况。与此同时，电视评论的个性化是近年来颇令人关注的重点，从传播学角度来看"舆论领袖"在二次传播中具有至关重要的作用，这些特约评论员虽然还不具备这样的影响力，但是经过多年的积累，如央视的杨禹已被观众认可，这其中就与鲜明的个人风格有很大的关系。通常我们认为个性化有助于观众的接受和理解。这种个性化在电视平台上，就是在兼顾媒体角色的同时，注重评论员意见传播和口语表达的效果。在内容上，就可以看出评论员的知识背景和内在分工，也体现出电视媒体重视新闻与评论员专业知识结构的对接，重视专业化的评论。特约评论员的身份是一个相对复杂的问题。从表面上看，特约评论员由于他们既有的专业背景和独立性，使电视公共平台的身份得以彰显，评论主体的多元化丰富了评论的内涵和广度，但同时在电视新闻评论中他们也需要关照媒体的立场。所以其中一部分特约评论员在自己的微博上同时注明"特约评论员"的身份，其发言也被微博网友放置在"央视评论员""央视立场"的角度上进行评价，并产生比较多的争论。这也是今后需要解决的一个关键问题。此外，从内容的表达方式上，特约评论员可以进行更加独立和完整的整合，话语的功能归属更明确。但对于特约评论员而言，面对网络的碎片化和开放式，必须在一个相对封闭的电视屏幕上进行再度呈现，因此就有必要进一步整理网络意见，增加非观点信息，如讲故事，或者介绍背景等内容，这对于特约评论员的逻辑快速形成十分重要。

二　电视新闻评论的功能

伴随着互联网的蓬勃发展，以评论为主体的信息传播方式近年来形成了爆发式的增长势头。生长于传统媒体的新闻评论，在新媒体技术的催发下实现了新的跨越，这种态势又引发了传统媒体对新闻评论的重视与推动。新闻评论在各类大众传媒中的立体化生存和评论的日益常态化，一方面满足了人们对观点信息的需求，另一方面对积极引导社会舆论起到了重要作用。作为舆论环境建设的一种重要力量，它的繁荣既与媒体自身建设密不可分，同时也呈现出对舆论引导的独特优势和基本框架。笔者试从传播学的角度，探讨在新的媒介环境中，新闻评论发挥引导舆论功能、媒体社会功能的双重建构。

1. 新闻评论对媒介"联系"功能的具体体现

所谓舆论是指社会群体对某种事件或事态发展所持的大体一致的意见和议论，是一种社会思潮。新闻评论对舆论的引导作用，既源于这一文体自身的基本写作特征，也与新闻传统的历史渊源有密切的联系，同时从传播学的视角审视，新闻评论引导舆论是媒体实现社会功能的主要手段，是媒体体现社会价值的重要内容。因此新闻评论的勃兴不仅是媒介竞争的外部结果，更是媒介寻求发展的内在需求。

拉斯韦尔在论及媒介功能时指出媒介具有"联系"的功能。其基本内涵包括"解释、诠释与评论事件及信息的意义；支持既有权威与规范；社会化；协调各处分离的活动；建立共识；设定优先次序并且指明事物的相对位置"① 等六个方面。可见，这种"联系"是对周围信息的选择和解释，通过评价、解释，提示人们应如何面对发生的事件，并做出怎样的反应。尤其在危机环境下，帮助社会达成共识。因此发挥联系功能的就是媒介中那些社论和评论性的内容。这种联系功能体现为媒体对事件观点、态度的直接表达，其中包括评论、分析、解释和舆论监督等不同的方式。事实上就是通过新闻评论这一手段进行舆论引导，它的显要作用就是"媒介可能阻止对社会稳定产生的威胁，还可以经常反映并管理舆论及表达"。②

媒介的联系功能必须通过新闻评论来实现，同时新闻评论作为媒介功能的主体也是其不可或缺的主要内容。在媒介市场，强化新闻评论是提升媒介话语权、权威性和社会影响力的重要手段。随着传播技术的日新月异，传者与受众、传者与传者、受众与受众之间的交流更加便捷，舆论的不可控性越发明显，媒体竞争的层面已从单纯的新闻

---

① ［英］丹尼斯·麦奎尔：《麦奎尔大众传播理论》，崔保国等译，清华大学出版社 2006 年版，第 66—67 页。

② ［美］沃纳·赛佛林、小詹姆斯·坦卡德：《传播理论——起源、方法与应用》，郭镇之译，华夏出版社 2000 年版，第 348 页。

信息的比拼跃升为对解释权第一落点的争夺。此种情形，就使得观点新颖、见解独到、鞭辟入理、富有知识张力的评论成为实现媒体突破的有效利器。而新闻评论的强度和水平既体现为舆论引导的质量和方向，同时也是媒介完善自身建设的具体表达。[①]

2. 消除媒介监视功能的负面影响

媒介被喻为社会的瞭望器，它向受众提供并传播新闻信息，为受众消除各种不确定性提供真实可信的判断依据。这种功能是媒介得以生存发展的首要功能，而承担这一功能的主要载体是新闻信息，但信息也有其反面作用。监视的负功能由两种情况造成，一是信息的过量，二是信息的片面性。拉扎斯菲尔德和默顿都曾指出所谓的"麻醉"负功能，即指如果一个人接收了过多的信息，便可能陷入一种对信息漠不关心或被动消极的状态。在大众传媒海量的信息狂潮中，同质化和表面化的信息势必造成受众对信息关注度的减弱。此外，由于过度追求新闻的不寻常性，使得常态的生活被掩盖，最终导致新闻功能的异化。"新闻通常被定义为不寻常的事，但当不普通、不寻常的事成为普通、寻常的事之后，新闻就常常会漏掉一些事情，即使是谋杀。""过多地接触那些不寻常、不正常、极特殊的新闻，还会导致受众毫不了解社会上平常、正常、普通状况的后果。"[②]

在透明、公开的信息环境中就更需要新闻评论对舆论进行引导和管理。这是化解媒介在信息传播中产生的负面影响、获得良好传播效果的重要手段。新闻评论和新闻信息是实现新闻传播的两个重要组成部分，也是实现媒体社会功能的基本表达方式。新闻评论以其理性、思想性和深度，恰好可以重整媒体的核心价值。正如社会学家赫伯特·甘特认为"新闻本身不局限于对真实的判断，它也包含了价值观，或者说，关于倾向性的声明"。[③]新闻评论体现出的是媒体对自身

---

① 张原：《价值传播与舆论引导：新闻评论社会功能的传播学解释》，《编辑之友》，2010 年第 8 期。

② ［英］丹尼斯·麦奎尔：《麦奎尔大众传播理论》，崔保国等译，清华大学出版社 2006 年版，第 66—67 页。

③ 李彬：《传播学引论（增补版）》，新华出版社 2003 年版，第 188—189 页。

和对社会的反思精神，媒体从对社会奇闻逸事的猎奇转而投向对公共事务的关注，从对信息的全面需求转而体现为对思想价值的观照；从对全息式信息的掌控转变为对舆论引导的先声夺人。最终获得的是话语权的放大和思想的碰撞，大众传媒作为"公共领域"的真实身份从内容上获得了正面表达。与此同时，大众媒介对新闻评论的主动选择则重构了新闻评论的内涵，重建了新闻评论引导舆论的有效模式。

正因为新闻评论对媒体的这种正面价值，使主流媒体在激烈的竞争环境中，以占领新闻评论的制高点成为获取社会认可的不二选择。

3. 新闻评论的健康发展是实现其社会功能的前提

"舆论引导实质上是传播控制者通过对有关信息的组织、选择、解释、加工和制作来影响公众舆论的耗散状态，进而促使其向着自己希望的方向发展变化的一种社会过程。"① 作为舆论引导实际操作者的各个媒介组织无疑将在政府、受众构成的现实体系中，设定舆论引导实现的有效路径。

我们必须清醒地认识到，受众面对舆论引导的自主意识在不断增强。公众对于媒体舆论引导的认知度和认同度都更加趋于理性。这种变化对以"效果"为重心的舆论引导来说，则意味着更加讲究舆论引导的传播策略，主流媒体应树立舆论引导有所为与有所不为的认识观，即：在舆论引导的理念上体现多元文化价值体系下的兼容性；在舆论引导的操作上注重渠道建设的同时把握舆论引导的主动权和主流性，即对主流舆论掌控的第一时间、第一落点的策略，形成重点突出、兼收并蓄、层次鲜明的舆论引导格局；在舆论引导原则上坚守党性原则，坚持新闻传播的基本规律；在舆论引导的方式和内容上突出"受众"的核心价值，以其参与和心理需求为关注点，提高舆论引导的效果，在实践中表现为进一步提高议程设置的能力。

主流媒体的权威性和影响力使其宣传主流意识形态的功能尽管依然强大，但随着舆论生成机制的不断变化，这种得天独厚的优势必将

① ［美］沃纳·赛佛林、小詹姆斯·坦卡德：《传播理论——起源、方法与应用》，郭镇之译，华夏出版社 2000 年版，第 348、358 页。

受到挑战，因此要增强舆论引导的能力，主流媒体就必须在尊重新闻规律的前提下有所作为，将一时一事的叙述进行战略化的提升和持久性的拓展，有效运用新闻评论的话语方式和特定文本，建立主流价值信念凝结、表达和扩散的高效模式。在传播新闻信息中对新闻评论进行议程设置，形成新闻评论引导舆论的敏锐性和前沿性；坚持评论的个人化、风格化，以不同的话语场实现差异化表达的舆论强力；打造以独家观点为核心的新闻评论品牌栏目，建立意见领袖在构建社会认同中的权威性，从价值层面提升把关人的主流地位。

事实上，有所为与有所不为本身就是一种有弹性、有张力的策略选择。媒介社会信息传播的速度、广度、透明度都以锐不可当之势，迅速提升了公民对知情权、参与权、表达权、监督权的理解，并在实践中成为具体的实现。公开透明的信息传播机制已成为一种社会共识和必然选择，大众传播媒介的理性与判断力、宽容度与兼容性使其在信息社会中成为必然的担当。因此可以这样理解，舆论引导的话语权和影响力是建立在信息公开机制的层面上。信息社会理论建构了一种向技术逻辑和自由市场的偏见，敢于面对各种信息以及新的传播技术，恰好是媒体有所为与有所不为内在同构性的具体表现。

在社会转型加剧、媒介内容膨胀、受众需求变化、网络舆论日趋分散化等情况下，主流媒体作为承载国家主流意识形态功能的权威载体，兼具"国家"身份与"公共空间"的双重角色，必须以有所作为的勇气和精神探索开创舆论引导的新模式，也必将以有所不为的哲学思辨性分析与把握舆论发展的未来方向，才能实现媒介的社会价值，彰显主流媒体的社会责任感。

三　建立利于舆情导向的新闻评论的传播范式

不可忽视的现实是，以评论为主体的信息传播方式在电视新闻中形成爆发式的增长态势，新闻评论在各类大众传媒中的立体化生存和评论的日益常态化，使浅层化的信息传播模式不断受到挑战。事实证明，那种重信息、轻评论的传播方式已无法顺应媒介环境的变化。作为舆论环境建设的一种重要力量，新闻评论呈现出对舆论引导的独特优势和基本框架。新闻评论所具有的舆论引导功能尽管已成为共识，但是在多元化时代，这一功能的实现又存在着各种风险，亟须建立一种利于舆情导向的新闻评论的传播范式。

1. 主动构建舆论引导的时空框架、结构框架，以主流媒体加强对网络媒体的舆情引导。

央视新闻评论是央视海量新闻信息的传播支点，以观点信息的思想性整合新闻传播的信息碎片化，呈现出主流舆论的引导力。"利用话语，通过符码的特别使用，把某些有关话语主题的特定意义置于优势地位，形成舆论、扩大舆论、矫正舆论。"① 从设置的新闻评论的各种表现方式可以看出，央视新闻频道建立了层级清晰、条理分明、布局科学的结构形态，充分运用新闻评论的议题设置和话语原则实现舆情引导的主动性，形成舆论引导的有效模式。其新闻评论的表现方式主要有以下几种：

（1）主持人对新闻进行评论。节目主持人作为叙述者、整合者和思想者，是一个节目的灵魂所在，这一特定身份经过话语叙述方式的转换，强化了新闻评论的主流性和主体性，再加上主持人的现场感，大大提高了新闻评论的灵活性、时效性。这种表现方式往往因其能对首播新闻快速设置议题，而凸显对舆情引导的主动性。

（2）评论员发表评论。构建了权威观点表达的专家话语平台和主流话语平台的公共语境。央视的新闻评论员主要是专职媒体评论员与专家评论员。该方式的出现并非首次，如新闻频道的《央视论坛》和《新闻1+1》都是以评论员为核心的，但与以往不同的是，改版后特约评论员的规模、范围都有所扩大和变化且形成一套机制。原来固定在某一节目的特约评论员，现在则根据新闻的需要随时出现在新闻直播的过程中，同时许多新评论员出现在屏幕上，这就大大提高了新闻评论的专业水准和新颖性，对言论表达视阈的扩展和言论的独立性都带来新的变化。这种权威观点和官方主流视角的良性互动，不但构成

---

① ［英］格雷姆·伯顿：《媒体与社会：批判的视角》，清华大学出版社2007年版，第319页

了央视主流话语的多平台展示，而且拓展了央视语态的公共语境，为凝聚舆论议题、引领舆论导向提供了更多的可能。例如针对国内翻拍四大名著的热潮，特约评论员杨禹阐述了这一现象实质上是"好剧本短缺下的保险选择"，暴露出"中国电视剧：'世界冠军'急需转型"的深层次问题。此外这种公共性还体现在这些评论员不仅仅代表着个人的学术态度和观点，而且他们还是公众利益的集体代言者，"如果媒介坚持灌输成见或者培养众口一词，阻碍了社会变革和创新，减少了批评，以牺牲少数人未发表意见的机会而强化多数人的观点，保护甚至扩张了那些需要控制的权力，那么媒介的联系功能也会变成功能障碍"①。他们提供的各种话语形式也改变了新闻评论"上传下达"的单一模式，形成新的舆情合力，其传播价值更具共享性、历史性和穿透力。

（3）评论型的节目。新闻评论节目在构成上有以下几个基本特点：双方辩论式的节目形态，先提出问题再分析问题后解决问题的思路，多方意见的呈现，坚持议论为骨的新闻评论本质。② 这类节目由于时间长，专注于某一单一问题，所以更显其议论的全面、深入、多元视角和强度。每一方的观点在对立、交流与交锋中得到较为全面、多层次的论证，不断将思想引向深入，呈现出清晰的逻辑关系，强化议论的说服力量和意见表达的深刻性。

2. 以理性、建设性的价值取向，引领舆情的健康发展

意识形态是执政党和国家的意志，意识形态主要靠政权的力量加以维护和推陈出新，强调宣传和灌输。但是事实上，单纯地依靠宣传与灌输的方法，已无法达到新闻对意识形态的传播、引导的目的。那种强制的、居高临下的说教、宣传的导向作用日益式微。尤其是当前我国正处在社会转型时期，价值观的多元化，使公众对于媒体舆论引导的认知度和认同度都更加趋于理性。舆论引导的构建需要寻求与价

---

① ［美］沃纳·赛佛林、小詹姆斯·坦卡德：《传播理论——起源、方法与应用》，郭镇之译，华夏出版社 2000 年版，第 348 页。

② 欧阳明：《我国电视新闻评论的困局及解困策略探析》，《现代传播》2009 年第2 期。

值观念的协调，价值观念往往代表社会共识，价值观念认同中以自觉成分为主，价值观念的和谐一致反映了社会成员的和谐与团结。因此通过寻求价值的认同，运用价值的形式来整合社会舆论，使得主流观点的传播对受众产生内化作用，从而在意识形态的层面构建社会共识。

（1）侧重于"为什么"和"怎么办"两层面的立体开掘，重新建构新闻评论的全新内涵。电视新闻评论应突破政论型评论的单一话语模式，以分析型和解释型的评论方式开拓全景式的评论语态。分析型，即对新闻事实的本体进行剖析、阐释，对其重要作用、相关价值及影响做出判断和说明，由表及里，由浅入深。这类新闻评论的重点在于回答"为什么"，为受众提供权威的意见，能够更加清醒地认识问题并帮助受众做出正确的判断，消除疑惑，有效引导舆论倾向，极大规避在信息社会由于信息不对称所造成的风险。例如，在俄罗斯国际航展的前二天，发生了两架表演飞机相撞的事故，央视对此就请军事专家进行评论，专家对事故的原因、过程、整个赛事的安排逐一进行分析，最终得出此事件不会影响即将开始的比赛的结论。又如在国际田径锦标赛上，百米跨栏名将罗伯特负伤弃赛，央视以《罗伯特受伤意味着什么？》为题进行分析，在对罗伯特这个个案的剖析和说明中，为国人更多地了解这个体育项目提供了专业的视角和解读，这也对我国体育名将刘翔的相关舆论起到了明确的导向作用。解释型，这类新闻评论以提供观点信息为核心。在"怎么办"上着力，以科学、积极的态度对这类问题进行深度阐释，在各种复杂的现象与矛盾中，寻求利益诉求的最大化。央视话语具有深度表达与建设性的价值取向，例如对水价上调的新闻报道，央视以《形成新价格机制比价格调整更重要》为题对其进行评论。通过对这一行为的动因、现状、困难进行解释、阐述，提出推广梯形水价，形成差价设计的解决方案才是关键的观点。这种从全局出发的大局意识突破了单一新闻的局限性，更为单纯的新闻信息所引发的不安定因素提供了科学合理的解读方式。

（2）选取具有公共价值的新闻节点，以贴近民生的视角提升舆论引导的张力。当前我国新闻传播所呈现的平民化、互动化、后现代化的演进趋势，必然要求舆论引导以尊重民情、重视民意为前提和基础，因此新闻评论的革新必须改变传者本位的传播观念。电视媒介应选取那些与公众利益密切相关的节点和视角，提出见解、表达质疑，一方面拓展舆论议题的公共性，另一方面舆论的传播因民生视角的现实性可以在短时间内产生显性效应，彰显电视新闻评论的权威性、公信力和影响力。

2010年3月28日，山西华晋焦煤集团发生透水事故，153名工人被埋井下，经过八天八夜的全力营救，终于使115名工人获救，创造了中国矿难救援史上的奇迹。央视在《新闻联播》中发表了名为《生命的奇迹 救援的奇迹》的评论，"人"成为了核心话语线索，体现出对人个体的尊重，对人生命的尊重，对人尊严的尊重。政论型的评论方式强化了舆论引导的严肃性和观点信息的传播强度，从内容和形式多个方面呈现出主流观点始终流淌在主流媒体内的发展趋势。

3. 技术逻辑制约下的文本特征，在发展中构建舆情引导的主体性。

新闻评论在信息传播中作为一种特殊的文本内容，是构成电视媒介风格的核心因素之一，"风格是文本的语境特征，这种特征中包含对表达程式的各种可能变化的限制和约束"[①]。电视语境下的新闻评论由于受到其技术手段的制约，侧重通过视觉形象语言和听觉语言符号的运用来实现个体的文本特征和权威构建。

电视新闻语言的构成要素有镜头、解说词和同期声等，电视新闻语言的视觉化和丰富性大大提高了电视新闻的观赏性，使其传播效果具有巨大的影响力。但评论由于其表述方式的平面性，使电视评论语言的多样性大大减弱。电视媒介一方面可以通过不同的个体——主持人、评论员，借助个体风格的语言、形态、表述方式的差异，对同一内容多次传播或多角度阐释。例如在《新闻直播间》中，多个时段的不同主持人往往会就某一评论进行循环播出，体现出差异化表征下的

---

① ［荷］梵·迪克：《作为话语的新闻》，华夏出版社2003年版，第29页。

共同语境。另一方面，还可以借助字幕的方式呈现，弥补听觉语言符号稍纵即逝的缺点，强化评论传播的渗透力和持久性。此外，通过不断提升新闻评论的水准，以内容的有价性打破传播手段的瓶颈，从而扩大新闻评论的影响力。

主流媒体作为电视媒介的重要构成，其媒体的权威性和影响力使其在宣传主流意识形态的功能上尽管依然强大，但随着舆论生成机制的不断变化，这种得天独厚的优势必将受到挑战，因此要增强舆论引导的能力，主流媒体就必须转变传播理念，将对新闻信息的叙述进行战略化的提升和持久性的拓展，有效运用新闻评论的话语方式和特定文本，"按照新闻规律办事，创新观念、创新内容、创新形式、创新方法、创新手段，努力使新闻宣传工作体现时代性、把握规律性、富于创造性，不断提高舆论引导的权威性、公信力、影响力"①。

---

① 胡锦涛：《在人民日报社考察工作时的讲话》，人民网，2008 年 6 月 20 日，http：//politics. people. com. cn/GB/1024/7408514. html。

第三章

中国电视新闻节目的类型、角色与功能

第一节　中国电视新闻节目的类型

当下我们在谈及电视节目的时候，往往都以类型的模式对其进行评价和分类，在理论流派各抒己见的学术论争中，"类型"无疑已成为研究电视节目的主要范式。美国匹兹堡大学珍·佛伊尔教授在其《类型研究与电视》一文中说，类型"作为一个专业术语，它的含义是：文学作品、影片和电视节目都能加以分类；它们不是独一无二的。因此，类型理论是研究如何把一部作品归入与之相关的某一品类"。① 事实上，在媒体实践的发展中，类型也已成为最主流的创作形态。纵观中国电视节目的成长历程，不难看出就是一部逐渐走向类型化的发展史。从 1940 年，美国电视节目正式商业播出之前，美国国家广播公司（NBC）就在其出版的《电视第一年》手册中，根据制作基地的不同，明确提出了电视节目制作时的三种类别划分理念，即"在摄影棚外摄制的节目"（包括新闻、体育和特别事件报道）、"在摄影棚内拍摄的节目"（包括戏剧、综艺节目、古典音乐、歌剧演出、魔术和名人访谈）以及"电影"。NBC 公司还由此出发，进一步对其所生产的具体节目，诸如《世界下的一扇门》《花园顾问》《亲手建家》等进行了制作规约和拍摄指导建议。尽管处在实验期的电视节目在形式上还缺乏明确的结构原则，更没有形成可以作为电视业中概念性简略表达的专业术语或话语体系，但是，对于当时的电视制作者来

---

① ［美］珍·佛伊尔：《类型研究与电视》，《世界电影》1990 年第 4 期。

说，节目的制拍背景已成为界定节目类型的基本标准，即这一时期的美国节目类型观念呈现出鲜明的以制作基地为准则来划分的倾向。

类型观念之所以会如此迅速地在美国电视节目市场上兴起，一方面是源于电视公司和节目生产者对统一市场流通标准的需要，另一方面也是源于播出者对节目市场反馈情况进行可持续性精准探察的迫切心理。电视节目类型在一定意义上被视为一种秩序，对于媒介文化工业来说，不仅是文化与技术之间的一种张力，而且还体现了一种可延续的控制。实际上，也就是通过电视节目生产的可持续性操作特征和节目特点本身的连贯性与稳定性，提出了理论和实践上的原则性要求。无论是节目的生产者，还是节目的播映者，都需要依据一个相对固定的公式来探测观众市场的反应情况，而这个公式正是电视节目类型观念的核心语义之一。20世七八十年代，主流电视类型提供了有价值的节目标识和辨别方式，这也使电视带上了工业文明和大众文化的鲜明标记。

从实践的角度来看，类型化的节目构成方式的确为提高电视的商业价值和吸引受众创造了有效的途径，这也成为驱动电视节目在类型上不断寻找创新的动力。然而，作为类型的本质含义中则包含着相对稳定的模式、相似的基本特征等共同要素，也就是它的这种标准化和程式化与作为节目本身所具有的个性化特征和创新的本质其实是存在着内在的矛盾。这种争论自电视节目类型出现之后，就不绝于耳，究其实质，无疑是大众文化与传统文化之争。不可否认的是，类型是电视商业化运作的最典型和成熟的代表，也就是在走向产业化过程中，电视需要完成这样的商业化运作才有可能实现电视的产业化。事实上，类型并不意味着一种创新的结束而是一种创新的探索过程，正如里克·奥特曼在他的著作《电影/类型》（*Film/Genre*）中提出的，"类型并不是已达成共识的（尽管的确有时候似乎如此）停滞不变的范畴，而是真实的论者在真实的场合出于特定的目的所发表的众说纷纭的言论"。① 大卫·麦克奎恩就曾这样指出："类型反映着一个社会

---

① ［美］布莱恩·罗斯：《电视类型研究》，《世界电影》。

中占有统治地位的价值观念。然而，同那些价值观类似，类型也并不是固定和不可置疑的。类型在改变着，亚类型在发展着，新的类型在形成着。在某些时候那些看起来是'标准的''可接受的'和'常规的'东西，几年以后就会变得陈腐、过时，不再能被接受。"① 所以类型在降低商业风险的同时，它的发展趋势和要义仍然是创新。

在类型范式的基本框架下审视中国电视节目的发展，也正是一条不断明晰节目类型、尊重市场规律、不断创新节目内容、完善节目运作机制的道路。对于电视节目类型的分类标准有很多种，可以按照播出时间、播出内容、新闻体裁、制作形式等多种方式进行划分，而分类的结果也各不相同。按照较为统一的标准来看，电视新闻节目是根据节目内容进行的第一个层次类型的划分，在此之下，有学者将新闻节目又分为：联播型新闻节目、新闻综述节目、新闻专题节目、新闻杂志节目、新闻讨论节目、人物专访节目。这种分类同前面所提及的其他类型相同，因分类的标准不同而产生了不同的结果；按照新闻的内容还可分为：时政新闻节目、民生新闻节目、经济新闻节目、国际新闻节目、娱乐新闻节目等；按照新闻的采访形式还可分为：直播新闻节目、访谈新闻节目、深度调查节目等类型。下面就目前国内主要的新闻节目类型进行简要的说明和介绍。

1. 联播型新闻节目。这类节目以央视的《新闻联播》为代表。各地市四级电视机构都有此种类型的节目，这是我国最早开播的一种新闻节目类型，1952 年北京电视台第一次播出的《北京新闻》就属于该类型。这种节目类型目前在早中晚三个时段都有播出，特别是在央视新闻频道成立之后，早间新闻节目注重新颖性，午间新闻注重及时性，晚间的新闻联播更强调重要性。联播型新闻节目常常是新闻电视台的"门面担当"，对于重要新闻信息传达、宣传国家主导意识形态有重要作用，但也面临形象刻板、内容程式化、观念僵化等困扰，如何在新媒体环境下做好联播型新闻节目，仍值得学界研究。

---

① ［英］大卫·麦克奎恩：《理解电视》，苗棣等译，华夏出版社 2005 年版，第 24 页。

2. 新闻综述节目。这类节目主要是对一周的新闻大事进行有选择的分析与评述。中央电视台新闻频道的《新闻周刊》，主持人白岩松在节目中设置了"本周回顾""本周视点""本周人物""本周声音""本周特写"等板块，对重要新闻事件进行解读和评价，将过去七天的中国浓缩在一本45分钟的电视新闻杂志里，用电视新闻节目简写了七天的中国历史。该节目自2003年5月创办以来（创办之初名为《中国周刊》，2007年更名），受到较好的评价。从新闻事实到阐释观点，进行深度解析，节目严肃且思想性强，能更好地发挥媒体人的主体能力。对于地方电视台来说，这种节目由于需要较强的专业能力和职业素质，门槛高而不易操作，所以在地方卫视并不普及。

3. 新闻专题节目。这类节目是对近期发生的事件、社会问题所进行的具有一定深度的报道。作为固定节目，这种类型起始于50年代初，最具代表性和奠基作用的是哥伦比亚广播公司的《现在请看》节目。中央电视台的《焦点访谈》和《经济半小时》都属于这类节目。新闻专题节目不仅具有一定的新闻性，而且具有相当的深度，此外其题材广泛，包罗万象，形式灵活，手法多样，因此受到普遍欢迎。

4. 新闻杂志类节目。这类型节目曾在国内受到极大的追捧，它被视为电视与其他媒体竞争的最有效武器，因为它结合了电视、杂志、报纸等多种媒体优势，中央电视台的《东方时空》就是中国电视杂志的典型代表。这种电视节目类型由NBC副总经理韦弗于1952年提出。美国的电视新闻杂志节目主要有两种形式：一是栏目组合，以各种小栏目拼凑成一个完整节目；二是事件组合，以相同事件的报道构成一个完整节目。《东方时空》先后进行了几次改版，把那些偏离新闻较远的内容进行了精简，使新闻杂志的风格更为明显。新闻杂志节目的主要特色是容量大，节目编排灵活，节目内容既可报道重大事件，又可涉及轻松内容，报道手法也可采用现场报道、纪录片、人物专访、座谈讨论、口播等多种形式。

5. 新闻讨论节目。这是近年来非常主流的节目类型之一。它的特色是围绕人们关心的事件、社会问题、社会现象、时代风尚、新闻人物发表不同见解，从而起到传播和交流信息的作用。讨论节目不同于新闻评论，新闻评论是代表电视机构发言，讨论节目则为各阶层人士提供在电视上阐述思想观点的讲坛。讨论节目既可以在演播室组织座谈、辩论、对话，也可以走出演播室到现场采制。讨论节目也被称为谈话节目，是现代人际交流中一种具有时代特色和气息的屏幕交流方式。这种节目一方面很好地体现了媒体公共讨论空间的基本特质，另一方面它又为观众搭建了一个意见交流的平台，满足了受众对多元思想表达和交流的意愿。我国最著名的讨论节目《小崔说事》2003 年 7 月 5 日推出后，邀请的访谈嘉宾既有政府官员、文体名人，也有普通百姓和企业家、外国友人，现场观众充分互动，参与提问和讨论，在生动活泼的气氛中分享不同的人生体验，互相交流碰撞，从而得到不同的感悟，一时间引发了超高的收视率。在此之后，这类节目较大的开放性以及所呈现出的思想的对话、交流使其获得良好的收视率。关注国际事务、经济发展、对台关系等方面都有相关的节目，如央视的《共同关注》和《海峡两岸》。然而由于受到新媒体开放渠道的影响，受众对于传统电视媒体的青睐程度大大下降，表现最为明显的就是对于日常事务的讨论大都转移到新媒体当中，电视媒体在这类讨论中常显被动，开设的节目也日趋减少，而那些专业要求较高的话题，由于电视媒体强大的公信力，在此方面仍能保持一定的优势。但是整个电视节目的数量和内容都大为减少。因此，在应对新媒体的竞争中，此类节目加大创新力度、寻找新的价值优势尤为重要。

6. 人物专访节目。这类节目以内容区分，可划分为三种形式：一是事件专访，就某个新闻事件专门访问当事人或参与者；二是问题专访，就某一社会问题专门访问专家、学者、权威人士；三是名人专访，就某个引起社会关注的人物进行揭示其个性的专门访问。访问节目是最节省制作经费而又深受欢迎的节目。办好这类节目的关键在于采访记者或主持人的能力。哥伦比亚广播公司于 1953 年开办的《面对面》节目、著名的《新闻 60 分钟》节目，都以其记者或主持人高超的采访技巧而取胜。我国著名的访谈节目有中央电视台的《面对面》、市场化运作的《鲁豫有约》、娱乐人物访谈节目《超级访问》等。但是这类节目在娱乐节目真人秀、选秀类节目的冲击下也日渐式微，《超级访问》就在 2016 年开办第 16 年后声明停播。任何一种节目类型都有它的生命周期，电视节目的类型曾以一个崭新的样式打开了我们创新电视节目的视野，也完成了中国电视最初的市场化启蒙。时至今日，在新媒体的各种冲击之下，电视节目观众的流失、技术优势的消失、观众审美需求的变化都使节目创新的压力增大，但是这都不应该成为阻碍电视节目创新的阻力。

电视节目的类型为实践和观察这一新媒体活动提供了一个良好的角度，也因此在电视的发展中不断强化这种理念和模式，也就是目前我们所常谈到的类型化策略。所谓类型化，其实就是一种通过人为的主观力量的类型趋向，即根据市场、受众等主导节目商业价值的主要因素，使之具有鲜明的风格和模式。复旦大学的陆晔教授把这种策略表述为：在电视商业化和产业化的过程中，电视节目类型化呈现出在现代化大生产条件下，具有较高专业素养的从业人员，运用先进的电视技术和设备，在满足不同类型受众的收视需要的同时获取最大效益，按照既定的电视节目类型程式进行的高效率电视节目生产过程。

纵观那些具有强大市场号召力的节目，不难发现其成功的原因就在于它们都是类型化程度较高的节目，即都具有较为规范的节目程式、系统的节目构思与生产，节目持续时间长，节目质量高，有固定的节目样态、鲜明的节目个性，能给电视观众留下深刻印象和稳定的节目收视率等特征。而类型化策略的本质也就体现出商业价值的最大化，因此它的视角可以理解为将受众视为一种"消费型"的群体。从传播学的角度来看，类型化又是分众传播的基本特征之一。所谓类型化的节目构成，就是那种通过市场调查和研究来确立具有不同社会价值、文化品位、生活态度和行为准则的受众的特征，然后再通过恰当的节目类型聚合，培养对这个类型最感兴趣的一类受众。在类型化的过程中，媒介在现有的资源下，按照内容类别优先的原则，使媒介内容和风格较为集中地反映某个特定领域的需求，这样既便于媒介本身系统性的最大限度的契合，同时也能够加强群体的归属感和建立个性化的审美品味。

类型与类型化的最大区别就在于，后者强化和赋予了节目更多的主观色彩和目的性，使电视节目与市场形成一种良好的对接模式，呈现出较为清晰的节目样态，这也是分众传播内涵的基本特征之一。节目样态就是节目类型化的具体表征，所谓"节目样态"是指电视节目自身呈现出的形状、模样、情状，是区别各种不同类型电视节目的一种重要标识。各要素承载信息的不同和表现形式的不同，使得不同类型的电视节目呈现出各不相同的独具个性的内容与风格样态。换言之，不同的电视节目样态，无论是《实话实说》，还是《艺术人生》；无论是《焦点访谈》，还是《幸运52》；无论是《南京零距离》，还是《元元说话》，由于它们的人物设计、场景布置、视觉风格、对话风格等节目程式要素所承载的信息和表现方式都各不相同，才使它们呈现出各自不同的节目样态。

　　作为最重要的电视节目内容的新闻在这样的文化语境下，不论是新闻自身还是新闻节目都始终在市场与社会责任之间寻找平衡。我们对于新闻节目的评价更侧重于它的社会价值和专业水准，而新闻节目的类型要素则是作为体现它社会价值和专业高度的基础加以考量，也就是说新闻节目的架构是一种技术视角，它的社会影响力和市场号召力都与其专业水准有直接关系。电视新闻节目也曾走过娱乐化的弯路，事实证明娱乐的节目形式与新闻的本质追求是相悖的，所以对于电视新闻节目来说，类型化的策略是基于电视媒体特性而运行的一种实践框架，我们可以从节目的设置与新闻之间的关联性挖掘其背后的文化意义和社会价值。

　　这里需要特别指出的是，尽管电视节目类型化生产强调生产过程的规范性，强调节目类型程式的稳定性，但不等于说以类型化生产方式生产的类型电视节目就是一劳永逸、一成不变的"百代经典""万世楷模"。应该说，电视节目类型化生产的过程，首先是一个相对封闭的过程——没有相对的封闭，类型及类型化便无法形成；同时又是一个绝对开放的过程——不开放就不能推陈出新，就会失去生命力。所以，电视节目类型化生产只有在稳定中存在，在变化中发展，才能在螺旋式上升的态势中不断前进，使所生产的电视节目永葆旺盛的生命力。

第二节　中国电视新闻节目的角色与身份

学者陆晔认为中国电视新闻栏目化发展经历了四个阶段[①]，分别是：

（1）尝试阶段：从"电视新闻"到全国电视台新闻联播，时间为1958—1978年；

（2）兴盛与发展阶段：从《新闻联播》的创办到中央电视台的《观察与思考》栏目的开办，时间为1978—1987年；

（3）逐渐走向成熟阶段：上海电视台《新闻透视》和福建电视台《新闻半小时》栏目的创办，时间为1987—1992年；

（4）电视新闻栏目向高层次、高品位、全方位、大型化的方向进一步发展阶段：大型新闻杂志型栏目《东方时空》与新闻评论栏目《焦点访谈》的创办，时间为1993年至今。

我们从中不难看出，这样的发展路径鲜明地体现出电视新闻节目伴随着时代的发展和自身的成长，其自我角色的逐渐明晰化，特别是在中国经济社会转型的高速发展中，电视新闻节目所呈现出的社会价值和文化意义。从这一层面来看，电视新闻节目是在社会的宏观构建下完成了对自我的阐释，这种超越了电视新闻节目专业价值的单一向度，也使其不断走向社会的深层结构。

角色理论是社会学当中的一种重要理论，"角色"本是戏剧中的名词，指演员扮演的剧中人物。20世纪20—30年代一些学者将它引入社会学，进而发展为社会学的基本理论之一。社会角色是指与人们的社会地位、身份相一致的一整套权利、义务的规范与行为模式，它是人们对具有特定身份的人的行为期望，它构成社会群体或组织的基础。具体说来，它包括以下四方面含义：（一）角色是社会地位的外

[①]　陆晔、赵民：《当代广播电视概论》（第二版），复旦大学出版社2014年版，第186、187页。

在表现；（二）角色是人们一整套权利、义务的规范和行为模式；（三）角色是人们对于处在特定地位上的人们行为的期待；（四）角色是社会群体或社会组织的基础。只要是社会成员，都会承担某种社会角色。当一个人具备了充当某种角色的条件，去担任这一角色，并按这一角色所要求的行为规范去活动时，这就是社会角色的扮演。角色理论，即是以社会角色这一概念为核心去探讨人类行为的特征，进而考察人与人、人与社会的关系。

对于个人来说，社会角色的确定也就是要回答"我是谁"的问题。在回答"我是谁"的过程中，确定自己的实际地位、与别人的关系，从而充当起某种角色。从一般意义上讲，新闻媒体是通过对现实的呈现来建构人们对世界的认知和了解，通过议程设置来影响和塑造公众的意识和话语来实现自我的角色的。从这一角度来看，我们可以从社会发展的宏观层面来定位电视新闻节目的社会身份和价值意义。一种比较普遍的看法是，电视新闻节目与所属新闻媒体在社会系统中所处的地位及相应的权利、义务和行为模式紧密相连。具体说：电视新闻节目作为媒体实现角色的具体载体，通过新闻报道、评论等方式把社会所倡导的价值观念、理想、社会规范和行为方式向广大社会成员进行传递，由此影响受众的观念和行为。在微观层面中，电视新闻节目的角色又体现在与其他节目的区别中。一种新的电视新闻节目往往是对社会现实的深度回应和积极应答，节目作为承载价值判断和思想认识的具体载体大都有着清晰的目标，其实这就是对自我身份认识的一种深刻自觉。所以在一定程度上，身份又与认同同属一个层面。2017 年全国两会期间，中央电视台为更好地进行两会报道，开设了一系列新的电视新闻节目，这些节目仅在两会期间播出，两会结束后就停播，但是这些节目如《两会有啥事 我来帮你问》融合了多媒体传播技术和媒介融合发展的语态特征，不仅创新了节目形态，更为充分体现我国政治制度的特征、反映当下政治热点问题提供了全新的媒介表达，节目本身也成为推动国家发展、提升人民政治认识水平的重要平台。基于这样的认识，我们可以对中国电视新闻节目的角色进行如下的判断。

　　首先，电视作为一个独立的媒介是由新闻节目、娱乐节目等不同的内容要素共同构成的。然而不同的节目内容因其特征、目标、诉求的差异，呈现出不同的角色分工。电视媒体的内容可宏观地分为两大类，一类是新闻类节目，另一类则是娱乐节目。从一般意义上来说，这两大类节目分别承担了新闻信息的传播与满足受众娱乐休闲需要的媒介角色。然而电视作为大众文化最具标志性的代表，过度娱乐化和商业化的威胁又在不断折损电视的生命力、公信力。电视新闻因其内具的社会责任就成为对抗、制衡娱乐化的重要工具。近年来，由国家广电总局下发的各种禁娱令中都可看到，在各种禁播选秀、电视剧的时段中都要求加大新闻播出的时间和节目类型。尽管当下的电视新闻节目也存在着同质化、低俗化以及娱乐化的问题，但是从本质上讲，电视新闻节目仍然代表着传媒专业价值中最高层面的理想，正因如此，它就与社会主流价值形成了一定程度的共识。事实上，电视新闻节目的这种角色与它发挥"宣传""提供信息""服务社会""社会整合"和"舆论监督"的功能又是紧密相连的。也就是说我国的电视新闻节目的多样化伴随着角色的分化，即一种角色满足一种诉求，例如《新闻联播》这样的节目就是发挥政党媒体满足国家在政策宣传和舆论引导方面的需求，充分体现出"党和国家的喉舌"作用。可以说，喉舌论是我国传媒理论的基点和出发点，对于具有强大市场影响力和号召力的电视媒体来说更是如此。因此在必要的时候，所有电视新闻节目就会形成合力共同发挥引导意识形态的功能。然而新闻信息本身不具有较强的娱乐性，而是以信息实用性和可读性吸引受众。为了应对激烈的市场竞争，"资讯化""软新闻"和"新闻娱乐化"的现象也应运而生，以博取观众的关注。事实上，这种大众文化的负面作用也不过是一时之效。对于电视新闻节目来说，赢得关注的根本还是新闻价值的呈现以及新闻专业水准的技术支持。所以，从总体来讲，电视新闻节目在电视这个系统中依然扮演着代表社会进步的理性角色。

　　其次，从整个媒介生态的角度来看，电视新闻节目的角色在中国传媒业的发展过程中，以及社会进程的双重结构中更扮演了引领者、创新者和启蒙者的角色。把其放置在中国新闻改革的历史语境中以及中国社会经济改革发展的历史转型时期，就会发现这两者之间的叠加效应以及它们之间产生的内生力、互为推动力的复杂关系，形成了一个相依相生的阐释语境。从宏观层面上讲，正如著名经济学家张维迎对中国社会改革开放的理解的表述："理念改变中国"，也就是整个社会经济改革的推动首先完成理念上的准备和共识，在实践和技术改革层面之上，我们改革的最重要的前提、成果和必备条件就是理念上的改革，理念又为推动进一步的改革提供了内生动力。从宏观角度观察中国改革所走过的路程就不难发现，一方面在中国新闻改革的内部同样也是遵循这样的基本逻辑，另一方面，中国新闻改革实践和理念的不断创新与探索又从意识形态的层面为中国社会的改革提供了理念支撑和思想源泉。对于电视新闻节目来说，它首先得益于技术上的先进性，使其比其他传统媒体获得了更大的改革空间，这种巨大的技术能量延续了自中国改革开放之初到新媒体兴起的 21 世纪之初长达三十多年的时间。其次，在整个社会对外部世界有极大渴望的变革需求下，市场对于电视节目的高度认可为它的创新提供了资金保障和受众群体。电视新闻节目不仅打开了观看世界的方式，同时也建构了他们认识世界的方式。这种理念上的引领和启蒙渗透在社会生活的方方面面，是中国人走向现代化最直观的表达和获得。此外，中国经济改革赋予了电视更多的内涵，作为媒体的电视机构其商业价值得到了一定程度的回归，商业逻辑的巨大作用倒逼电视媒体从诸多方面进行改革与创新，才能更好地与市场接轨，满足受众对新闻信息的需求；与此同时，社会生活的改变也为电视节目的创新提供了资源和空间，这种双向的流动就在中国电视发展的历程中形成了有力的碰撞，并产生了积极的影响。电视对于当代中国人来说是中国改革开放最有力的见证者和实践者。

　　电视新闻节目在改革开放以后的蓬勃发展改变了国人接收新闻信息的传统方式。1980 年 7 月 12 日，中央电视台推出《观察与思考》栏目，开创了电视新闻深度报道的先例。节目融音响、画面、文字于一体，将现场采访与即时分析结合，开始将纪实性和思辨性统一在节目中。1987 年 7 月，上海电视台推出了着眼于中国社会变革前沿问题的深度报道栏目《新闻透视》。1993 年 5 月，中央电视台开办了《东方时空》，这个 45 分钟的新闻杂志节目将之前各台的探索成果集于一身。1994 年 4 月，央视在晚间黄金时间开办了《焦点访谈》栏目，使深度报道快速扩张。1996 年 5 月，该台又推出调查型深度报道《新闻调查》，它以记者的调查行踪为表现线索，以探寻事实真相为基本内容，崇尚理性、平衡和深入的精神气质。20 世纪 90 年代电视实践领域中新思路、新理念、新制度不断引入，随着一批焕然一新的新闻栏目持续涌现，人们不再把电视传播看作是单一的社会现象，而是把它置于社会整体架构的大环境下予以观察，从中把握电视传播与社会多个层面的联系。不仅在表达形式上，而且从报道理念、节目形态上起到引领作用。

改革开放初期，伴随社会需要，诞生了我国最早的社会新闻。1978 年冬，湖南电视台由编辑亲自出马，密切配合记者采访播出了一条社会新闻《长沙人民希望坐好公共汽车》。1979 年 7 月，上海电视台播出了《上海电机厂发生火灾》的消息，冲破了不播"灾害性消息"的禁区，之后该台的《陈燕飞勇救溺水者》《大学生堕落成杀人犯》《一残废青年义务为群众修路》等社会新闻，也引起了观众的广泛关注。此后，各台的社会新闻成为新闻节目中的重要内容。相关栏目也渐渐出现，如北京台的《北京您早》《北京特快》《元元说话》以及晚间新闻。2002 年元旦，《南京零距离》栏目诞生。这些民生节目无论从报道内容、报道视角还是制作方式上都打破了自上而下的传播理念，以对民生的关注之情、对社会生活的温度以及平视的新闻姿态迅速引发了极为广泛的关注，一大批民生节目应运而生。直至当下，民生新闻节目仍是各地方电视台新闻传播的主流节目。

这些电视新闻节目的创新从样式上拓展了新闻的话语空间，其中强调本地特色和区域传播效应的电视民生新闻直播栏目，已成为以省台地面频道和省会城市台为代表的地方媒体寻求新闻传播市场突围的有效路径。民生新闻在实践和理论的双重推动下，从最初的现象分析、理论阐释、话语分析到内在品格、价值理念再到解剖其发展瓶颈、对其发展趋势进行预测，层层递进、步步深入。此外，例如《东方时空》《新闻调查》《面对面》《新闻 1 + 1》等节目，将深度的解读、调查、评论等方式介入到新闻传播的核心，超越了当时社会的普遍认知和惯有思维，丰富了资讯时代中国人掌握和理解新闻的渠道和角度。从整个社会发展的角度来看，电视新闻节目不仅对具体新闻事件本身，而且对整个社会的建设性都起到了积极的培育作用。这些节目在传播中的巨大影响力，拓展了中国人对当下社会生活反思和探讨的可能空间，与之相伴的是对媒介公共性的深入探讨。有学者提出，电视媒介的公共性主要体现在媒介内容的多元化，这包括信息来源和节目类型的多元性，议题、意见和舆论的多样性等。中国主流媒体面临边缘化的危险，媒介公共化可能是传统电视媒体重塑自身影响力的最佳选择，还有学者进一步讨论如何进行电视体制的调整，设置明确、规范的制度，来保证电视媒介，特别是电视新闻报道公共性的充分发挥。

电视新闻节目对社会公共性的"再发现"和"再构建"，在社会生活和媒介体系两个层面中都扮演了创新者、引领者、启蒙者的正面角色形象。也正是从这个意义上来看，电视新闻节目的创新不断推动着中国新闻传播水平的提升，使之在中国新闻业改革的宏大历史背景与专业场域下以不可替代的独特价值成为一种随着媒介技术不断演变的重要媒介表达形式。当前，电视媒体受到来自新媒体的冲击，也使得电视新闻节目的制作理念、流程和方式面临各种挑战。正是在这样的背景下，电视直播常态化、电视数据新闻应运而生，电视新闻节目与新媒体的融合发展呈现勃勃生机，这些电视新闻及新闻节目从思想、理念上引发了受众对社会的重新认识和发现，特别是对有关公共议题的重大事件，展开了多维的探讨空间，使受众能够以全新的姿态关注社会的发展，从而使电视新闻的影响力和启发性得到充分彰显。电视以新闻节目为依托，整合新闻资源、表达意见、倡导核心价值观，诠释其历史使命：通过形成更大范围、更深层次的传播，让更多受众介入，推动更大范围的社会讨论，得到更大程度的制度合理，最终达到社会安定、和谐。所以无论是从技术上、表达上、样式上，电视新闻节目的开创性、引领性和启蒙价值都是不容忽视的。

在新的媒介环境和社会转型期，对于电视新闻节目来说其固有的社会角色依旧存在，与此同时，不断完善和构建新的角色定位更显得极为迫切，因为它不仅是在新的媒介结构中对电视自身身份的自我确认，同时，也是对媒介结构的再调整。

如果说角色回答了"我是谁"的问题，那么身份往往与认同紧密相连。从媒介社会学的角度来看，大众媒介产品具备身份识别和身份区隔的作用，其内涵就是一种文化上的认同。"身份、角色、合法性都只能在一定的文化中才能具有意义。"①

"身份/认同"（identity）一词最初源于拉丁语词 idem，由 id-（它，那个）和后缀 dem（意为相同之物）组成，作为一个代词，指代文章中曾经引用过的内容。后来逐渐发展成为拉丁词 identitas，词性也从代词转变为名词，意为"同一性"。在 17 世纪引入到英语词汇中，词形也变化为 identity，用于表明事物的"相同性""整一性"或"独立存在"等含义。到目前为止，学界对这个词汇的理解没有发生变化，一般都认为其含有两层意义：一方面是"本身、身份"，指自我定位、自我归属方面的认知；另一方面是"内在同一性"，指自我与相一致事物建立起的认同，也指对存在差异的"他者"的认知。"身份"概念源起于哲学领域，主要分析的是同中辨异及异中趋同的问题。由于当代社会在本质上是矛盾的、多元的，"身份/认同危机"（identity crisis）就成为当代社会的一种普遍存在。身份/认同概念在社会文化研究领域的流行源于将这一概念泛化，以此强调身份问题主要是对自我与他者关系的考问，对个人或群体同样适用。

身份概念在社会学的"角色"研究中也产生一定影响。美国社会学家特纳（Turner）曾就"角色"与"身份"概念进行过辨析。他认为，角色并不等同于身份，一个人的角色扮演是多重的，只有当其所表达的角色与内心意识一致时，自我身份才能够确立起来。角色理论的价值在于揭示了人对自我的理解与定位方面的复杂性问题，对身份

---

① 崔新建：《文化认同及其根源》，《北京师范大学学报》（社会科学版）2004 年第 4 期。

研究具有较大的启发作用。20 世纪 60 年代身份/认同研究发展到关键时期，已经被引入到各种经典的社会学理论、现象学理论之中。皮特·伯格建立起了个人认同和社会发展过程的联系，提出身份同样可以和其他意义一样被解释和建构。法兰克福学派的代表人物哈贝马斯试图把弗洛伊德与马克思理论相结合，主张用理性和沟通来分析社会认同的当代发展问题，他提出了"对话"与"交流"是建构身份的主要手段，并且带动一批社会学理论学者广泛地开展对于身份/认同的研究。

在文化学视阈里，文化身份一般被建构为一种社会构成现象，它标识着相关文化的存在位置及其话语的成立方式与作用力度。对文化身份的思考和认知，体现出将其纳入到立体、多元的社会关系中对其社会历史成因多元化的认可。西方学者曾对电视文化做过不同的解释。人类学家玛·米德从文化人类学角度，认为电视文化是一种文化人类学意义上的文化现实，他关注电视对新型文化的创造。大众传播学者更倾向于把电视文化看成是一种新型的公共传播方式。施拉姆认为："电子传播技术为发展中国家提供了潜在的信息渠道，这些渠道可以通向多得难以置信的受众；可以冲破图书馆的栅栏，向平民百姓传播信息；可以通过示范表演来教授复杂的技巧；可以在演讲时几乎得到面对面的传播效果。"[1] 电视的文化身份在本质上可以被视为一种包容的文化形态。电视在技术的场域中重构了文化的表达空间，具有极大的宽容度和兼容性，在时空的交融中不仅将艺术形态、新闻产品的文化特征交织在一起，而且本身又融合了新的时空状态，在新媒介技术的介入下，电视的这种文化身份特征则更加明显。事实上，对电视文化身份的认知就应置于一个动态的系统当中，并以各关系为参照物，使电视文化身份从"关系决定论"中获得更为准确的判断，这本身也是文化研究中对身份研究的重要视角。

对电视身份的探讨可以选取不同的角度，学者欧阳宏生认为"要

---

[1] 欧阳宏生：《电视认知与认同：中国电视的文化身份》，《国际新闻界》2007 年第 6 期。

正确认识电视的文化身份，其逻辑起点应该放在电视的物质文化、电视的制度文化和电视的精神文化这三个基础层面上"①。在这三者中电视物质文化居于构成电视文化身份的核心地位，它规定着电视行业作为"物的存在性"，而电视制度文化决定着其价值导向，电视精神文化决定其电视文化产品的形式，即内容的生产形式。从这个层面来看，电视文化的多元化势必决定了电视文化身份的多元性。特别是在媒体技术、人文理念出现新的转型和构建时期，这种多元性中还包含着身份的焦虑和矛盾。电视新闻节目既存在于电视媒介中，同时又隶属于新闻文化的体系中，它受到来自两种不同专业价值和特征属性的影响，其综合性与复杂性无疑会更加突出。

纵观近年来中国电视新闻节目的发展，可以非常清晰地看到它在构建自身身份的同时又往往极易陷入各种身份认知的困顿之中。引发这种困惑的原因多样，主要源于以下几方面：

第一，受到传媒自身内部改革的制导性因素的困扰，中国新闻改革所带来的整体性、结构性变革，使电视媒体自身话语体系的整体转型，即从上个世纪的主流话语姿态向平民话语姿态位移，对电视重新进行文化定位、确立文化精神提出了严峻的挑战。电视新闻的文化身份在多元文化的各种冲击中，基本特征变得日益模糊，在商业利益的夹击之下，文化品格和文化审美、文化趣味的转向在媒介技术带来的内容创新中渐失本真。

第二，迅猛发展的媒介技术带来的媒介牛态环境的巨大变革，使电视新闻节目的身份困顿变得愈加清晰。媒介技术的变革使原本充满优越感的电视新闻节目感到了前所未有的危机。那些原本已相对稳定和成熟的电视新闻节目生产流程和制作理念，在新媒体的不断挤压之下，不仅在传播的灵活性及互动性等方面表现出能力不足，而且在传播内容上也受到挑战，新媒体借助电视节目类型不断衍生和拓展新的话语空间，并以更加灵活和互动的方式改变了传统的收视模式，在内

---

① 欧阳宏生：《电视认知与认同：中国电视的文化身份》，《国际新闻界》2007 年第6 期。

容制作和观看模式上给予电视最重大的挑战，媒介融合发展的路径已然成为电视转型的不二选择。在从事电视与"互联网+"时代的电视之间，如何构建新的自我形态无疑加重了身份困惑。

中国电视新闻节目身份困境是中国电视发展的必然结果，也是不断变化的媒介融合发展趋势下对中国电视提出的严峻考验。自电视媒体以一种生活方式的样式介入中国人的生活，便开始了对电视媒体自我身份的追问与质疑，只有电视媒体不断认清主体与外界环境变化，重新对自我文化内涵及文化身份进行梳理与阐释，才能在这一过程中厘清当前中国电视文化身份认知的时代症结并找到解决办法。

事实上，中国电视新闻节目的身份困境也是整个中国电视的一个折射，我们只有在与"他者"相对的视野下，才能比较清楚地认清"自我"。在这里"他者"包括以下几个范畴：新闻理论、娱乐化节目、全球文化等方面。

我们可以试图从这几个"他者"中找到解决中国电视新闻身份迷茫的途径。比如，整体偏爱新生事物研究、对业界动态亦步亦趋的中国新闻学术界，需从新闻理论方面为中国电视新闻设置明晰的身份定位；电视新闻自身需明确，娱乐化与电视媒体本身存在千丝万缕的关联，如何与娱乐节目共同生存、共同繁荣发展值得深入探析，而非在娱乐倾轧下领地尽失，或打着新闻的幌子传达低俗的内容；中国电视新闻界可参照全球文化，在全球文化传播中减轻文化折扣，扩大自身影响力的同时借鉴他国电视新闻定位，解决自身身份认定困境。但是无论是学界也好，业界也好，均须知，定位于中国文化背景下的中国新闻界，必须走出自设的小天地，走入网络文化、全球文化中去寻求身份的认同。在走出小天地、走向大格局的过程中，须知网络所追求的是个人化的文化言说与个人化的文化分享，对电视文化播出向度的增设和对电视文化人格"趋同"、个性丧失的补救；全球化传播所带来的文化冲突的趋势终究会走向技术的整合与化解，这意味着文化空间与文化内涵的全球性共享。这是人类文化事业发展的必然趋势，也是中国电视新闻界寻求自身身份认定的既定的大方向。

第三节　社会学视阈下的责任选择

功能理论是观照媒介与社会关系中最为重要的理论之一，也是近年来在商品化大潮中媒体不断自我反思、修正的重要思想基础。然而，在实践和理论的推进中，功能理论产生的背景和源溯，以及自身内在的价值指向所显现出的局限性受到国内学界的质疑，甚至在国内理论界不乏各种讨论之声，以此警示这种理论范式对媒介价值分析带来的偏颇与局限。但是，不可否认的是，作为理解媒介社会性的一种重要视角，它依然具有不可替代的作用，或者用麦奎尔的话说，"尽管功能理论早期的版本已经被社会学所摒弃，它却以研究媒介的新形式的方法而存在下来，而且在形成研究框架和回答研究问题中还在起作用，在描述媒介中还是有用的。它为讨论大众媒介和社会之间的关系，以及一套已经证明是难以被代替的概念提供了一种语言体系。这个术语在很大程度上是有优势的，被大众传播者自身和广泛的受众所理解和分享"[①]。正如麦奎尔所言，这种理论的优势恰恰在于，它立足于传播者和受众的"需求"，为两者提供了一套便于理解且清晰的概念，并获得了两者之间彼此接受的"平衡"。所以，我们可以在几乎所有论及媒介的专著中看到一批国内学者对此理论的全盘接受和照搬，将中国媒介的社会作用不假思索地纳入到西方的理论框架中。无疑，任何一种学术思想不与自身的社会实际接洽便失去了真实的意义和价值，在现有理论框架下的简单套用就更缺少了批判的思辨性。在传播学进入中国近四十年之后，对理论接受最初的新鲜性和理论本身的独特见地也应该随着时代的变迁和研究的深入走向更广阔的空间。

一　一般意义中的社会功能

功能主义将社会理解为由相互关联的部门或各种小系统构成的一

---

①　［荷兰］丹尼斯·麦奎尔：《麦奎尔大众传播理论》（第五版），崔保国译，清华大学出版社 2010 版，第 78 页。

个不断运作的大的体系。大众媒介也是这个体系当中的一个组成部分，每一部分都为社会的持续性和秩序做出应有的努力。在论及媒介的各个重要组成部分时，也都会以这样一种模式去反观大众传播媒介的社会价值。

从一般意义上来讲，电视新闻节目的社会功能可以这样去理解：首先，它是当今社会传播信息的重要渠道和载体，依然具备强大的社会监视功能。电视新闻节目的发展受到媒介技术的影响，然而它作为传播信息的重要方式，同样在媒介技术的演进过程中，越发显现出传播信息的优势。电视媒体不仅可以提供新闻现场的画面，而且大大缩短了新闻传播的时间差，不论是近年来国内外频发的自然灾害新闻（如 2008 年的对汶川地震灾区的报道、2016 年对日本的地震报道）还是发生在世界不同地区的武装冲突，或是法国的恐怖袭击，以及经济领域的重大事件报道，电视媒体作为专业媒介组织的传播能力和新闻报道水平都大大提升了国内受众获取新闻信息的水平和品质。尤其是电视新闻节目通过对新闻信息的整合和处理，对新闻传播的舆论引导产生了重大的影响。这些新闻信息传播方式上的优势，也使电视新闻节目在满足观众强烈的信息需求的同时，超越了报纸、广播等传统媒体，获得了极大的发展空间。电视新闻节目已成为当下中国受众获取权威新闻信息的第一媒体。

其次，如果从维护社会秩序的角度出发，电视新闻节目的确也扮演着"协调者"的角色，也有很多学者把这种功能称为联系（correlation）功能，国内一部分学者将其视为舆论引导功能。一方面，这种功能被视为这一理论当中保守性最为突出的一点，最为重要的是它是基于维护美国政治权力的前提所假设的一种功能而受到当下学界的质疑；另一方面，在媒体实践中，电视新闻节目以及其他的媒体类型在运作的过程中又明显地表现出这种功能。也就是说，在我们的实际运作中对既有权威与规范的维护是媒体的主动选择，这种客观存在同样是不应被忽视的。对于媒体的这种社会功能，西方传播学者又将其分为不同的层次，它包括"解释、诠释与评论事件及信息的意义、支持既有权威与规范、社会化、协调各自分离的活动、建立共识、设定优先次序并且指明相关的位置"① 等。媒体在实现这种功能时,它的正面价值体现在"在实现联系功能时,媒介可能阻止对社会稳定产生的威胁,还可以经常反映并管理舆论及其表达"②。但是如果媒体过于强化多数人的意见而影响了社会多元化的表达,也势必会成为社会的阻力。中国电视新闻节目在类型多元化的背景下,通过内容、新闻体裁、新闻角度与新闻专业主义的提升在这一功能范畴中对其进行探索和实现。特别是在新媒体对舆论格局的重新构建中,更加注重对自身影响力和传播力的提升,以期在新的媒介格局中确立自身的位置。电视新闻节目的主要价值不仅体现在"说什么"上,更体现在回答"为什么"和"怎么说"上,这也是近年来电视新闻节目不断改进新闻报道的重要原因之一。这种具有明显导向性的传播活动,在"现代性"社会中,是对变化的社会环境的一种适时的反应和应对。吉登斯认为,"在高度现代化的情境之下,偏远地方所发生的事件对临近的事情,甚至对个人生活的影响越来越平常。媒介,包括印刷媒介和电子媒介,很明显在这方面发挥着重要作用。从最初的写作经验开始,媒介经验对于自我认同以及基本的社会关系组织,都已经造成深远的影响"③。这种主动选择的背后有诸多的因素,但是一种职业的存在,媒介的运作必定要与社会运作之间产生多重联系,同样也只有在这种环境中才能准确地认识媒介及其产品的价值和定位。

再次,从文化传承的角度来看,电视新闻节目不仅本身是一种文化形态,更是对传统文化的承续。电视新闻的发展得益于中国改革开放经济的腾飞,在作为一种新生事物的初期,它既传承了中国新闻的传统,作为党和国家的喉舌积极参与中国社会的改革发展;同时也不断积累自身的经验,形成独有的价值体系和话语标准。电视新闻节目

---

① [荷兰] 丹尼斯·麦奎尔:《麦奎尔大众传播理论》(第四版),崔保国译,清华大学出版社 2010 版,第 67 页。

② [美] 沃纳·赛佛林等:《传播理论:起源、方法与应用》,郭镇之译,华夏出版社 2000 版,第 348 页。

③ [荷兰] 丹尼斯·麦奎尔:《麦奎尔大众传播理论》(第四版),崔保国译,清华大学出版社 2010 版,第 93 页。

对传统文化的传承并不是一种僵化的刻板样式，而往往将其文化内涵融入具体的新闻报道的内在指向和文化旨趣上。也可以说，这种文化传承是在潜在与显在并存的状态下展开的。其实，作为一种重要的文化产品，它的逻辑基础和价值起点必然应是中国的传统文化。事实上，在实践的操作过程中，传统文化的根基以及对传统文化内涵的延伸始终贯穿于新闻生产的主要过程中。这种历史性体现在电视新闻能够将社会的主流价值观、文化传统、规范在社会成员中代代相传，通过文化的传承使得社会成员获得更加清晰的文化身份认同。比如，每年中国传统节日，电视新闻节目往往会通过具有特定文化符号和文化内涵的新闻事件或新闻人物来进行相关报道，通过这种传播符号来传达和阐释传统节日的特殊意义。中央电视台的《新闻联播》在近年来的相关报道中，以对传统文化的贴近性叩问现代中国人的价值体系，推出了大型现场采访新闻"家风"系列，引发了国内观众的极大反思。此外，还有一些此类型的电视新闻节目通过卫星在全世界传播，强化了中国人的文化身份的认同。

最后，电视新闻节目的娱乐功能。大众传媒的娱乐功能说在那些对功能理论持批判态度的学者眼中，并不具有正统的学术价值，它既没有从批判的角度使其超越意识形态的局限性，也没能从中观或宏观的层面将这一理论引向更加学术的路径，而仅仅使它停留在事实的表面而缺少理论的想象力。对于受众来说，电视新闻节目能够提供某种轻松的、娱乐的信息，使他们能够在接收有用信息以外获得片刻的休憩，也能为闲暇时光提供某种消遣。换言之，在电视新闻节目以公共生活为指向的严肃背景下，那些在内容上具有娱乐性或以提供娱乐为目的的新闻就成为调剂生活的一种方式而存在。但是，这种功能的导向也使得一些电视新闻节目最终走向了娱乐化，丧失了它本应具有的意义和社会价值。具体反映在节目的内容选择、表现形式、包装样式、播报方式等方面：在内容选择上，偏向软新闻或尽力使硬性新闻软化，即所谓"硬新闻软着陆"；在表现形式上，强调故事性、情节性，走新闻故事化、新闻文学化道路；在包装样式上，在片头、片尾、字幕标板等方面大量采用动画效果、艺术字体，显得轻松活泼；

在播报方式上，主要体现在主持人数的多人化、播报风格的喜剧化、主持人角色的演员化、播报语言的方言化。而在这些社会功能中，我们可以看到，娱乐功能对于大多数电视新闻节目来说仅仅是一种非主要的社会功能，一旦电视新闻走上了娱乐化的道路，电视新闻节目的公信力、影响力和传播力都会在某种程度上受到质疑。因此，尽管电视新闻节目具有娱乐休闲的意义，但是它的娱乐性又往往需要被严格把控，这样才不会使其专业价值受到动摇。

以上是从一般意义上审视电视新闻节目的社会功能，事实上，"传播的社会功能研究并不仅仅是个形式主义的领域，不是教材上那些教条，而是直接关系到我们如何看待传播的社会角色以及相应的社会运作方式"。[①] 从本质上来看，对大众传媒社会功能的考察，恰恰就是对其社会定位、社会身份的一种判断和认识，是对大众传媒内在规定性和身份的自我界定和归属。正如每一个社会机构都会有各自的职责和任务一样，大众传媒也是在这种社会功能的构建中完成了社会对它的认可和自我身份的完善。因之，这种认识就应该是一种相对开放的姿态，而不应仅仅局限在"社会规范"的范畴中。如果从文化理论的角度或是结构功能主义等其他的层面来看，电视新闻节目的社会功能其实已受到多种理论的重新剖析和批判。这也在一定程度上使我们可以更加理性地面对纷繁复杂的新闻界，更易于我们在极速发展的中国社会中仔细审视电视新闻节目的特殊价值和意义。

二　中国语境下的社会功能

中国电视新闻节目的社会功能是与当代中国社会生活的变革紧密相连的。或者说，导致中国电视新闻节目发生一系列变化的根本原因则在于社会结构的变迁。换言之，中国社会在政治、经济和文化等领域发生的一系列变化，令嵌入其中的新闻传播子系统产生了变革的内在需求。在国家政策层面上，自 1979 年以来实施的改革开放路线始

① 胡翼青：《超越功能主义意识形态：再论传播社会功能研究》，《现代传播》2012年第 7 期。

终得到强有力的贯彻；在日常生活层面上，商业化及与之相伴的消费主义文化渗透到社会生活的各个方面。这一社会过程最终要求用市场法则规划整个社会生活。市场经济的逻辑全面介入中国社会变迁，带来了一系列重要的变化，与此同时，身处时代洪流的中国观众从视野和思想两个层面都渴望获得更多的信息和自由，而电视尤其是新闻节目恰恰提供了一个了解外面世界的窗口。在中国经济改革的历程中，电视新闻节目不仅是一个重要的创新者，还是思想的启蒙者。中国电视新闻节目的创新不仅在形式上引领了中国电视和中国新闻的改革，而且从内容上极大地拓展了中国受众的视野。因此，尽管受到市场逻辑的影响，中国电视新闻节目还是在一定意义获得了更大的话语空间，从而激发出内在的活力并始终走在中国社会改革的前沿，将这些改革的讯息传播到社会的每一个层面。

作为一个社会行动者，电视新闻节目又往往可以凭借自身的专业价值成为社会思想的启蒙者。与此同时，这种新闻专业主义的合法性在社会变迁的新结构中得到了更多的社会认可，并以此为资源，在转型的中国社会中领风气之先，开启民智，将公共议题、民主监督等现代国家公民意识纳入到中国现代化进程中展开讨论。所以无论是《新闻调查》《南京零距离》还是《新闻1+1》《新闻周刊》等节目，它们在中国经济飞速发展的过程中，其理性的、专业化的表达一次次唤醒民众尚未觉醒的现代意识，并将新的话语形态注入到人们的日常生活中。在日渐兴盛的传媒文化与急剧的社会转型中，中国电视新闻节目获得了特有的话语权和身份，这种社会功能以及它们给整个社会带来的影响都是不应被忽视的。

第四章

机构化视角下的电视新闻生产

在对电视新闻的研究中有一点是无法忽视的，那就是作为一种传播组织的特征，电视仅仅是一种传播媒介，电视画面作为电视节目的基本组成单位，既是表现的内容，同时也是表现的形式。电视新闻内容的生产是由占有这种媒介的大众传媒组织来完成的，电视新闻则可以被视作组织机构的产品。从文化的角度来看，电视新闻的内容生产也一直被看作工业化产品，德国法兰克福学派的学者西奥多·阿多诺及马克斯·霍克海姆等人就基于文化工业产品的标准化、齐一化、程式化提出"文化工业"（culture industry）理论，因此大众文化的标签使对电视新闻的价值评判呈现出负面性。然而，如果从媒介组织的角度来审视电视新闻的生产，就会发现曾经被我们认为是毫无争议、理所当然的唯一生产方式，在当下新媒体技术层出不穷的时代，正在成为一种有别于新媒体生产的"他者"。这种日渐复杂的新闻生产方式也给我们提供了一种比较的视野，让我们可以更为理性地认识在当下及未来作为一种组织生产的活力、特性及意义何在。

第一节 "后记者时代"的新闻记者

在机构生产新闻产品的过程中，把关人是其核心概念。它从本质上体现出传统传媒机构制作新闻产品的模式、理念和制度，也深深地刻上了时代的烙印。在认识的层面上，我们可以将把关人分为两个方面，一个是媒介机构，另一个则是新闻记者。作为新闻产品具体的生产者，记者在新闻的选择、采制、传播过程中既是新闻机构理念、价值的实施者，同时也带有鲜明的个人风格，具有个体化的特征。

记者一直是新闻专业主义最主要的建构者，他所具有的职业内涵和专业价值也促使新闻成为社会发展中极为引人注目和极其重要的核心要素。长久以来，记者被视为是时代变迁的记录者、社会正义的承担者、社会良心的呵护者，甚至冠以"无冕之王"的称号。因此，记者这一职业所承载的荣光与责任使之获得了社会的充分认可和美誉，也成为记者对自我认同的主要内涵。对于电视新闻生产来说，不仅有大量奔波在新闻一线的平凡记者，而且也涌现出众多"执笔为剑"的明星记者。深刻的职业认同成为他们为理想、为事业奋进的精神支撑。

然而在历史的变迁中，记者这一职业身份也随着媒介技术的演进遇到了极大的挑战，所面临的困境不仅是在其自身的外在形式上的，更是对新闻职业本质的深刻省思和质疑。不容忽视的是，媒介壁垒的打破，提供了获得记者职业身份机会的外溢，在这种历史背景下新闻记者的身份出现了转移，导致记者身份的泛化。从媒介生产的内部来审视这一身份主体是认识和判断当下传媒走向的重要视角。

一　新闻记者的历史演变

新闻的采制和传播是一种特殊的社会劳动，从某种程度上来讲它影响着人们对世界的认识、态度和行为。然而，新闻所提供的信息是否是真实世界的客观反映？后真相时代，新闻事实是否还能影响人们对世界的理解？在媒介技术层出不穷、受众行为日渐变迁的时代，李普曼提出的"拟态环境"仍有探讨的必要——这一理论在让我们更加清醒地了解日益变化的社会环境的同时，也使我们更清醒地认识到，了解并提高从事这一职业的记者的内涵和素质是一件极为重要的事情。因此当我们以研究新闻报道活动为主体时，就必须了解这些活动的生产者和活动本身的关系：记者与职业活动之间是主体与客体的关系。也就是说在所有的新闻内容生产的过程中，新闻记者以把关人的角色居于主体位置，运行中必然会受到作为个体的、组织的、党派的多重因素的制约和影响。这种内在的构成会最为直接地投射到新闻上，虽然在大多数情况下这些因素都会以比较隐晦的方式存在。

新闻记者在广义上泛指新闻从业人员，包括在报刊、电台、电视台、通讯社、新闻网站等新闻机构中从事新闻采访、写作、编辑、制作、评论等工作的专业人员。狭义的记者指新闻机构中专门从事新闻采访与报道的专业人员。在西方广义的记者称之为 Journalist，狭义的记者称之为 Reporter。新闻记者作为一种社会分工、一种独立的职业，已有数百年的历史。如果从 1615 年世界上第一张真正的报纸——德国的《法兰克福新闻》算起，西方报业已有四百余年的历史。如果把记者作为一种社会职业来研究，学者们认为最早的职业记者始于 16 世纪的威尼斯。现代记者的出现则是伴随着现代报纸的出现而逐渐走向成熟的。新闻大致是 19 世纪 30 年代的产物，现代记者则是 19 世纪末的社会创造，新闻业由此成为一种职业。

职业角色的确立必然包含着完整的职业内涵、特定的职业特征以及成熟的职业规范即职业伦理标准。从西方新闻理论来看，这种职业是"以新闻自由"思想为其存在的理论基础，并发源于理性主义和天赋人权等西方资本主义核心理念。但在实际的运作中，这种职业属性则表现为一种对媒介的外部关系，有学者把这种关系理解为：是对一个新闻职业组织和政府的关系做的基本界定，以获取职业自主性。这种关联性非常鲜明地体现出西方职业记者的专业价值取向，即客观性。与此同时，这种关系也充分体现出记者职业发展的历史性，这种交织在新闻职业成长过程中的各种理念，不仅使之更像一个专业或能向"专业"的方向发展的核心，而且也成为一个职业被社会认可的基本操作规范。在这样的空间下，新闻职业获得了建立深刻而广泛的社会关系的可能性，并在社会历史的发展中寻求到自身的安身之所，即传播者独立地位的确立。新闻记者这一职业随着时代的变化和媒介技术的日益进步，经历了从不成熟到成熟的历史过程，其内涵和外延都获得了极大的拓展，并呈现出新的发展趋势。

1. 最初的职业记者。记者作为一种专门的社会职业，最早出现于近代资产阶级报刊开始形成之时。早期职业记者是商业发展到一定程度的产物，15 世纪末至 16 世纪末，西方资本主义萌芽出现，商品经济交往呈现异常活跃的发展态势，对信息沟通需求也迅速攀升，这在一定程度上为早期记者的活动创造了必不可少的社会基础，于是手抄新闻、活页小报开始出现。当时的威尼斯就集聚了一批以抄写报纸为生的专业人员，他们采集的内容有船只的启程抵达、海盗歹徒的肆虐危害、贸易商情以及政治事变的消息。特别值得注意的是他们已经有了营利的观念，这些手抄新闻张贴于公共场所，凡阅读者须付一枚小的铜币。当时威尼斯铜元叫"格塞塔"（Gazzette），后来流传到欧洲各地的小报都被称为威尼斯格塞塔，Gazzette 也成为欧洲各国最早的报纸名字。付费阅读这种自觉的行为，也深刻体现出新闻最原始的价值——满足人们的信息需求，从而呈现出其商品属性。所以学者认为意大利的威尼斯是近代报纸的发源地，也是早期职业记者的产生之地。

2. 发展时期的记者。"虽然在印刷术普及的 15 世纪与 16 世纪之交，作为人类文明史上的新生事物的新闻事业已经开始孕育，但直到 17 世纪初它才显示出比较完整的形态。如果说北大西洋地区是新闻事业的空间摇篮，那么 17 世纪就是它的时间温床。"[①] 17 世纪初，欧美各国的新闻事业相继进入了近代报刊时代，其最显眼的标志便是定期报刊的兴起，定期性是现代报刊的一大基本要素和基本特征，也是古代与现代新闻活动的重要分水岭。它的意义不仅仅是时间上的差异，更重要的是代表着资产阶级公共领域的出现。按照哈贝马斯的说法：只有当信息定期公开发送，也就是说能为大众所知晓的情况下，才有真正意义上的新闻可言。在这一时期，为了争取权利，资产阶级把报刊作为自己政治斗争和政治信息交流的工具，在血雨腥风的交战中，记者为新闻自由做出了巨大贡献。资产阶级革命年代，社会及报业都形成相互对立的两大阵线，敌对双方在报刊上唇枪舌剑，互相挞伐，激烈的论战成为他们的另一个战场，这些报刊也被称作政论报刊。

近代报纸的创刊人大多是书商，报社的规模较小，这些办报人身兼多职，既是印刷者，又是编辑、记者。他们中不乏优秀者，如为争

---

① 李彬：《全球新闻传播史》，清华大学出版社 2005 年版，第 70 页。

取出版自由而进行顽强抗争的新闻从业者：曾格、约翰·弥尔顿、塞缪尔·亚当斯、托马斯·潘恩……这一时期的报刊与资产阶级的革命紧密相连，在宣传鼓动上，报刊释放出巨大的能量，新闻的"舆论"作用呈现出来。

18 世纪初至 18 世纪中期，记者从编辑、出版、发行中分离出来，成为专门采集新闻的职业记者。1702 年，世界上第一家日报、英国的《每日新闻》问世，日报使报纸成为真正意义上的新闻纸，同时也带动了记者职业的进一步分工，产生了政治新闻记者、经济新闻记者、军事新闻记者、体育新闻记者以及驻外记者等。

资产阶级取得胜利之后直到 19 世纪中叶工业革命基本完成这一历史时期，新闻报刊进入到政党报刊时代，这期间的报刊大多直接听命于某个资产阶级政党，并接受该政党的经济资助，成为不同政党的喉舌。以美国为例，在 1783 年到 1833 年的半个世纪里，许多报刊都充当了两大政党的喉舌，并且声嘶力竭地为所属党派呐喊助威，最后发展到谩骂攻讦、造谣诽谤、街头殴斗的程度，这段历史被称为美国新闻史上的"黑暗时期"。在政党报刊时期，新闻仅仅是政治的附属品。可以说政论和政党报刊时代的记者将自身的革命理想与新闻职业活动紧密相连，还没有形成自身的职业标准和价值体系，他们的身份多元且以政治身份为主，还是将报纸作为服务于政治的工具。

3. 现代记者的出现及发展。现代记者的成形与商业报纸的确立之间有着密不可分的关系。《纽约太阳报》被视为商业报刊诞生的标志，这份成功的"便士报"标志着新闻业从此进入了一个新的时代。1833 年美国本杰明·戴在纽约创办了第一张便士报《纽约太阳报》，揭开了现代报纸的序幕。英国最成功的便士报是《每日电讯》，法国第一张成功的便士报是《新闻报》。便士报是以资本主义的繁荣为背景的，它以下层市民为读者对象，以营利为目的并追求发行量和广告。《纽约太阳报》在创刊号上宣称：本报的宗旨，是在每个人都能支付的价钱下，将一天中发生的所有新闻奉献在公众面前，同时也给刊登广告提供一个便利的工具。最为重要的是《纽约太阳报》改变了以言论为主的做法，内容的革新，一扫政党报纸死气沉沉、长篇大论的做派，采取彻底以新闻报道为中心的办报方针，大大提高了新闻的可读性。此外，它转变了对新闻概念的理解——新闻不再只是外国的或本国的重大政治事件，本地发生的各种事情乃至于个人遭遇，都可以成为新闻。可以说《纽约太阳报》的创办及成功，带来了一系列新的新闻理念、报道方式、经营之道，为新闻记者施展才华、实现抱负提供了巨大的社会舞台，新闻记者变得格外引人注目，由此对新闻传播事业的发展产生了极为深远的影响。

19 世纪后半叶，记者的采访范围、活动能量几乎达到了顶点。记者不仅被公认为一种职业，而且地位大大提升，其最显著的标志是来自高等院校的毕业学生越来越多，工资也大为增加。进入 20 世纪以后西方记者已普遍出现高学历现象。随着现代科学技术的发展，记者的职业活动也获得了长足的进步，以客观、真实为基本报道原则的职业标准得以确立，新闻文体也在不断的演变和发展中日趋成熟，从而使记者的职业身份和社会地位得以巩固和完善。

在记者职业的发展过程中形成并比较清晰地展现出作为一个职业的基本内涵和运行逻辑，这也就是被业界视为新闻专业主义的职业规范。这种规范性的约束在一定程度上又体现为职业的界限，以此构成记者职业的权威性和不可替代性。尽管其内在价值要素如客观性等一直备受争议，但是它依然成为当下传统媒体组织机构运作中最主要的职业准则，不仅为记者职业获得一定程度的专业活动范围和专业话语空间，而且与职业理想紧密相连，往往以社会使命等这种较为宏大的语境表达出来，拓展了这一职业的想象空间和作用范围。

从历史上看，我国新闻业有"文人论政"的传统，记者群体被赋予知识分子的社会地位，以匡扶时世为己任，将"天下兴亡，匹夫有责"的忧患意识贯穿到言论当中，力图以言论来指引国家的走向。从事报刊活动对于民国期间的很多记者来说是救国报民的重要途径。他们大多具备自由思想与独立人格，同时对社会保持批判、反思的立场，以言论来促进社会进步，并在这一身份认同下，倡导"铁肩担道义，妙手著文章"，力图通过新闻活动推动社会进步、对国家尽其言责。他们在实践中以文章报国、代民众讲话，对于国事"去塞求通"

98

且具有超越党派的独立精神，在促进国家独立的同时也推动我国近现代报刊的良性发展。在中国共产党报刊史的发展历程中，更是形成了中国马克思主义理论体系的新闻理论，并在中国革命斗争中体现出新闻实践的巨大力量。

伴随着中国社会经济体制改革开放的深入，媒体人李大同主张"用新闻影响今天"，他认为新闻的生命力不只是记录历史，而是通过告知、传播信息影响社会现实。《南方周末》提出的"给弱者以关怀，让无力者有力，让悲观者前行"的办报宗旨也被社会所广泛认同，体现了儒家传统中所坚持的知识分子责任意识。

在很多新闻从业者心中，对国家和社会的职责是职业认同的起点和终点，普利策的名言指引他们为之努力——"倘若一个国家是一条航行在大海上的船，新闻记者就是站在船头的守望者，他要在一望无际的海面上观察一切，审视海上的不测风云和浅滩暗礁，及时发出警告。他不计自身荣辱盈亏，而是为信任他的人民服务。"

对于电视新闻记者来说传统媒介组织的主流专业价值观依然是非常强大的，但是同时作为体现媒体机构立场的记者来说，他又不仅仅是专业价值的践行者，他的职业身份中体现了政党、媒体机构、社会与个人等不同主体之间的协商关系。然而，新媒体技术的冲击使得这种基于组织力量的"共识"遭到了挑战，并在很大程度上消解了记者本身的身份认同。

二 后记者时代的到来

如果在十年前或更早，你有幸成为一名职业记者，还是一件非常值得自豪的事情。但现在情况发生了很大的变化，这种变化来自于媒体技术的发展，也来自于职业记者的内心。处在技术与时代变革夹缝中的新闻记者，在职业理想与现实困境、专业价值与商业诉求、技术演变与身份认同的错位与断裂之间，正在消解原有的职业内涵，而越来越多的传统媒体的记者正在离开这一行业，他们或者转移至新媒体，或者进入到全新的领域当中。

戈夫曼认为人处于社会之中存在三种身份认同：一是社会认同

（social identity），即我们把一个陌生人安置在他所属的特定社会位置；二是个人认同（personal identity），指专属个人的一组社会事实的连续记录或特殊记号所构成的认同；三是自我认同（self-identity），指个人对自己处境的主观感受，以及个人通过各种社会经验获取的有关自己的延续性和特质。这种认同正是构建自我社会定位的关键性因素。身处当下的传统媒体记者，一方面在专业操作层面遭到了新技术的挑战：移动互联网时代，普通民众可以轻易进入新闻信息的生产、传播行列中，新媒体已经在舆论的形成和走向上获得了绝对的优势，新闻记者对自我认同发生了深刻的危机。另一方面，社会对于新闻记者的期待在技术转移的过程中也逐渐偏移。民众对传统新闻的注意力逐渐下降，且个人情感评判超过蕴含在新闻信息中的真实性、娱乐化需求，有超过新闻的立足之本——信息需求的态势，而以新闻维护社会公正的正义感也正在逐步减退，这一新媒体环境中的现象值得我们警醒。

原中央电视台著名记者柴静曾经在她的博客上写过这样一句话："人人都来做记者"曾让很多人又费解又激动。在这位专业记者眼中恰恰看到了这一职业最重要的变化，新媒体技术开启了记者职业身份新的可能性。若干年后，柴静也走出了传统媒体，并以个体人身份参与到新媒体报道的行列中。众多新媒体的使用者不仅采集信息，还将这些内容通过新的媒介平台公布于众，这些人并不是专业媒体的记者，被人们称作"公民记者"或"公民报道者"。

公民记者的概念，国内认为始于1990年的美国，伴随公民新闻概念的传播而诞生。1998年，美国人马特·内森·德拉吉（Matt Nathan de la）的个人网站先于所有传统媒介曝光克林顿性丑闻事件，这使德拉吉获得全球最早的"公民记者"称号，德拉吉也因此深入政坛。社会各界对他评价不一。喜欢的人说他是瓦尔特·温切尔（美国电台的先锋记者）的化身，不屑的人说他是"谣言八卦之源"，中立者称他为"互联网上的报童"。《花花公子》杂志称他为"新闻业的坏小子，克林顿的大噩梦"，《纽约时报》称他为"美国恶作剧之王"，而忠实读者称赞他为"公民的记者"。

在各种重大的新闻现场，每一个现场的普通人都成为了报道新闻的重要人物。如2001年美国发生"9·11"事件后，全球最大的博客服务网站blogger.com为这起重大的恐怖事件开辟了多达上百个个人博客站点，用于发布大量现场照片、录像、现场录音、目击者的亲笔描述以及情感交流，这一平台的丰富性以及提供的新闻内容的数量都远远超过了专业记者。2008年12月发生在印度孟买的连环爆炸案震惊世界，对于新闻界来说对该事件的报道具有划时代的意义。以Twitter为代表的社交网站用户不断推送新闻，还用直播方式报道事件的最新进展，美国知名杂志《福布斯》将此次报道称之为"Twitter时刻"。正是对此事件的报道，标志着以社交网络为传播渠道的"公民记者"报道形式被专业媒体和社会所认可。在当下的各类新闻事件中，都能够看到社交媒体中公民记者的报道，其数量和质量，以及新闻报道的及时性都呈现出了新型媒体的专业特征，这些报道活动日益凸显了公民记者在新的媒介方式中的重要作用。在2017年美国总统大选中，社交媒体更是作为不同身份主体积极参与报道的主阵地，其背后的政治力量一度被社会所诟病，但是这种影响力无疑已深入人心，并在很多层面发挥着不可替代的作用。

中国拥有世界上最多的移动媒体用户，根据中国互联网络信息中心（CNNIC）发布的第39次《中国互联网络发展状况统计报告》，截至2016年12月，中国网民规模达7.31亿，互联网普及率达到53.2%，其中手机网民占比达95.1%。在悄然而至的移动互联网时代，信息的开放与透明使公民有了更多参与社会公共事务的机会，也获得了更多的表达权利。伴随着社交媒体技术对社会生活的不断渗透，普通受众在媒体使用中的新闻报道行为也逐渐走向了自觉。公民记者最初被中国社会关注，是由于一系列社会事件引发的巨大舆论，如2007年"史上最牛钉子户""虐猫事件"等。公民记者以极为引人注目的方式参与到新闻内容的生产中，并且以巨大的社会影响力和广泛的社会关注度引发舆论热点。他们在报道中突出其普通人的身份，在报道的视角上更容易找到受众的契合点，传播的速度和方式更是传统媒体无法企及的。近年来这种趋势变得愈发地清晰，受众正逐步渗透、影响着传统媒体的新闻选择、采写等报道角度和报道方式，乃至新闻理念。

公民记者在与职业记者形成传播互补的同时，也不可避免地带来其他负面影响，其中最为明显的就是虚假新闻的出现。2008 年 10 月，CNN 公民新闻站点 iReport. com 一个用户名为 Johntw 的注册用户发表文章声称，"数小时前，乔布斯心脏病严重发作，已火速送往欧洲。苹果内部人士称，乔布斯出现了严重的胸痛和呼吸短促症状，呼叫了医务人员紧急治疗"①。这则新闻一经公布，引发了苹果股价暴跌。直至苹果发言人、全球联络部副总裁卡蒂·科顿对这一报道予以坚决否认，以及 iReport 虚假的报道被删除，苹果股价才重新回归正常水平。用美国知名博客作者亨利·布拉杰特在相关文章中的话来说就是："公民新闻学显然在第一次真正意义的测试中败下阵来。"② 但我们无法忽视的是公民记者的存在已经极大地改变了原有新闻的生产方式，当前在电视新闻中，特别是一些突发新闻，公民记者拍摄的视频逐渐被主流电视媒体采纳和使用，也可以看出这是电视媒体对非专业记者内容采制的默认和接纳。

从这个层面来看，尽管新闻内容传播和生产的身份主体出现了多元化，但是在传统主流媒体中，职业记者在新闻内容生产的过程中依然是选择的主体和价值的主要评判者。麦奎尔曾指出媒介职业角色的困境包括三方面：积极地参与和中立地传输信息之间的矛盾，创造性和独立性与机制的日常运作之间的矛盾，传播的目的与迎合消费者需求之间的矛盾。对于当下的电视新闻记者来说，他们在专业价值、机构约束与技术进步的协调过程中，必须要在自身内部建立新的平衡，才能够获得更大的职业空间。

与此同时，在每一个媒体变革的时代，记者往往都会成为新技术的积极使用者和探索者。2009 年新浪管理层决心开发微博产品，

---

① 《CNN 网站乔布斯虚假报道引发公民记者讨论》，新浪网，2008 年 10 月 4 日，http：//www. sina. com. cn。

② 同上。

2010 年年初，新浪微博推出 API 开放平台，截至 2012 年年底，经新浪认证的媒体人微博已达 9 万个、媒体微博总数已突破 11 万个。记者在社会化媒体的舆论场中也保持较为活跃和在场的状态。"在新浪微博传媒类人气排行榜前 100 名中，新闻从业者的粉丝数量一般在 50 万以上，最高可达 400 万。在活跃度最高的 300 名网络意见领袖中，新闻从业者最多，占到 28%。"[①]

微博上记者的媒介使用行为可以分为实名与匿名两种，在发布渠道上也有两种形式，其一是个人的微博账号，其二是所属媒体的官方账号。在一些社会热点问题上，很多记者常常选择实名发布。在这种媒介活动中，记者的职业身份，特别是那些具有一定社会知名度的电视记者的这种媒介行为，就存在着职业活动与个人行为的伦理困境。"记者对于微博的使用仍然是具有职业性的，而以其身份特征的差异，我们可以将这些实名的记者分为两种不同的类型：其一，在新闻单位自己的官方微博上进行信息传递的记者，如在新华社等传统媒体自己的微博上，为大家提供第一手报道的记者；其二，以私人身份开设实名微博，随时将自己的所见所闻上传微博的记者。记者使用微博存在着使用媒体的官方微博和个人使用私人微博两种情况。在前一种情况下，记者以媒体的公共身份进行信息传播活动，其行为必然受到新闻伦理法规的约束。但是在后一种情况下，记者在商业网站的微博如新浪微博上发布新闻信息，其媒介使用行为是否依然需要受到新闻伦理与职业道德的约束，在多大程度上需要遵守新闻伦理与职业道德呢？"[②] 记者职业身份的多场景化，使得原本单一的职业行为变得更加复杂，记者在个人行为与职业行为的模糊地带中进行着内容生产的多种尝试，不自觉地突破了原本的专业主义层面的职业规范。我们在记者的微博中可以看到，"记者在使用社会化媒体转发新闻信息时，更关注的是如何增加新闻价值，而非如何控制有问题的新闻信息。在这

---

① 陈宁、杨春：《记者在社会化媒体中专业化职业身份》，《现代传播》2016 年第 1 期。

② 纪莉、张盼：《论记者在微博上的媒介使用行为及其新闻伦理争议》，《武汉大学学报》2012 年 5 月。

里记者仍然是传播新闻信息的一道'闸门'。以前这道'闸门'的作用是将大的信息流缩限成小的信息流，而在社会化媒体上，这道闸门的作用是引入更多有价值的信息流，扩大受众的信息选择范围"①。面对所谓的"后真相时代"②的来临，新闻记者在基于传统新闻核心价值与新闻生产模式的理念转型与职业困境中，无疑都需要重新审视新闻职业的专业程度。

三　全媒体记者的时代

媒介技术不但催生了新的新闻生产、传播者，同时也从媒介内部改变着新闻生产传播的样式，由此给记者的思维模式、工作方式等诸多方面带来的变化正引发着这个职业的全新变革。

1. 全媒体记者的到来

对于正走向媒介融合常态化的电视媒体来说，全媒体记者时代已经到来。中央电视台台长聂辰席在 2017 年初向媒体表示，中央电视台正在不断通过技术革新创新报道模式，设立了"融媒体编辑部"，用于统筹报道资源，推动融媒体中心和"中央厨房"的建设。在新闻生产流程中通过数字化、集约化的方式加快媒介融合深度发展。新的新闻中心采用明确的分工方式和团队协作专项统筹协调机制，实现 24 小时前方采集信息，后方多媒体包装传播，打通新闻内容从传送收录、剪辑包装、转码传输到生成发布等各个环节，并引入 TVU4G 信号背包、VGC 全球记者回传共享平台、gopro 运动摄像机等先进技术手段，这些技术手段使媒介融合正在走向常态化，而对于电视新闻记者来说也意味着将进行全媒体记者的转型。

---

① 陈宁、杨春：《记者在社会化媒体中专业化职业身份》，《现代传播》2016 年第 1 期。

② 英国伦敦大学教授、戈德史密斯学院政治经济学教授威廉·戴维斯在《后真相政治时代》指出，"事实权威"其实已经衰落了很长时间，我们正在进入一个更危险的"后真相政治"（Post-truth Politic）时代。

一个全媒体记者的工作片段

　　某周六下午 3 点，杭州日报的一位记者接到一个线人电话，杭州发生重大自来水事故：千吨沙山压爆城北主进水管，城北大面积停水。这是一条独家新闻线索，并且很有嚼头：沙山由来已久，为何一直移不掉？这次险情勉强抗过去了，以后怎么办？时值周末，出事地点在城郊接合部，这时叫摄影记者赶来，时间来不及，现场新闻肯定没了。他像往常一样，操起摄录机坐了 1 个多小时车赶往出事地点。现场令人惊骇，沙山之下的水管爆破，沙山吃饱水慢慢往下陷，形成巨大泥浆沼泽，十分危险。他走得很近，抢到了第一手的照片和视频。拍了半小时后，现场就是另一种场景了。接着，他开始文字内容的采访。当晚回来，他先写供报纸刊发的文字稿，然后剪辑视频，当天就把视频和照片上传到杭州日报网，这时已是晚上 10 点——这是他工作中很普通的一天。很多纸媒记者对这样的工作状态已并不陌生，和杭州日报一样，他们也同样加入了新旧媒体的融合之路，由单一型记者转为全能型记者正在成为现实。①

　　媒介融合这一概念从作为专业理念引入学术话语体系，到逐渐渗透于媒介实践，直至上升为国家的政策高度，至今已有十几个年头。这个概念也从一个专业话语变为一个大家耳熟能详的热词，并在实践的摸索中不断上升为具体的实践行为和理念。在当下的媒介变局中，将这种实践视为成熟也许为时过早，但是在这痛苦的涅槃重生中，我们的确可以深刻地领悟到媒介演进的路程。

　　2017 年的全国两会报道，对于国家级和各大地方电视媒体来说可谓是展示媒介融合成果的一次重要舞台。以浙江卫视为代表的地方媒

---

　　①　张蔚蔚：《新闻 1+1+1：纸媒的魅力创新——一个全媒体记者转型的实践与思考》，《新闻实践》2010 年第 7 期。

体全力投入到两会的报道中，充分运用新媒体技术和内容创新拓展、丰富报道形式。浙江卫视新蓝网以"中国蓝新闻"客户端为新媒体主阵地，运用 VR 虚拟现实、全景拍摄、H5 制作等最新技术，借助移动网络直播设备和新蓝云直播平台，实行新闻一体化策划，稿件一次采集、多次生成、多元传播，凸显广电新媒体的内容优势和宣传影响力。在此次报道中新蓝网派出由采编和技术组成的 24 人团队，和浙江卫视、浙江之声报道团共同组建融媒体新闻中心，真正实现机制、技术、流程上的融合。30 套融媒体记者包里装有 iphone 手机、自拍杆、osmo 云台稳定器、无线话筒、充电宝等装备。记者可以随时随地拍摄图片、视频，做网络直播，通过新蓝云直播软件，将两会动态即时回传"中央厨房"。而此次报道运用的新蓝云直播软件则是由新蓝网自主研发的，记者直播和回传的视频、图文，都可以实时在大屏上显示，编辑团队可随时进行收录、整合、编辑，第一时间把最新动态信息发布在"中国蓝新闻"客户端等新媒体平台，确保新闻产品的时效性与独家性。两会开幕式，有上万人进入直播间，收看人次及回放点击率突破 30 万。2017 年浙江广播集团的两会融媒体报道同时依托浙江卫视《两会新观察》《首席跑两会》、浙江之声《两会 1+1》《杨禹说两会》等栏目资源，开辟了新蓝网和"中国蓝新闻"客户端多个融媒体产品板块，以"浙看点""融媒体专栏"等节目形式重点呈现，充分展现了电视新闻节目在新媒体中的原创实力。此次新闻报道融媒体在注重报道时效性的前提下，还努力展现深度解读、深度挖掘的新闻品质。新蓝网在新闻表达方式上突出创新和融合理念，打造了一批可视化水平较高的新闻产品，VR（虚拟现实技术）全景、H5（微信端交互页面）微场景、动画图解等新技术手段为观众带来了更加丰富的视觉体验。整个报道是在"中国蓝新闻"客户端、"看浙"微信公众号、"新蓝网"微博等平台上进行的多渠道发布、多形式呈现、多媒体互动的立体式报道，在全方位解读国家大政方针、推动中国民主化进程中形成了不可或缺的媒体表达。

　　与此同时，国家级电视媒体央视新闻移动网、央视网、客户端、微博、微信及海外社交平台也展现了媒介融合背景下的国家实力，《新闻联播》《焦点访谈》等重点栏目大篇幅、大版面进行集中持续报道，全面深入阐释习近平总书记两会期间提出的新观点、新论述、新要求。推出了《两会有啥事我们帮你问》《中国舆论场》《两会新视角》等"电视+新媒体"融媒体互动节目，打造了大小屏贯通的"两会聊天室"，形成现象级传播。在对外传播上充分发挥中国国际电视台（CGTN）作用，推出《世界观两会》《2017 中国世界说》《两会问答ABC》《大使看两会》等系列报道，回应国际社会关切，扩大两会国际影响。

所有这些报道的背后涌现出了一批全能型记者，他们能够熟练运用各种媒体，具备多媒体内容生产的理念和执行力，成为传媒界的一道新的风景线。央视各类新媒体累计发布稿件 19700 条，总阅读量 56.38 亿人次，比 2016 年增长 15.88 亿人次，其中微视频共发布 11400 条，总点击次数 20.3 亿次。

毋庸置疑，媒体技术的发展加深了媒体融合的力度和深度，电视新闻记者本身处在媒介融合的最前沿，这种信息内容生产领域的流程再造，从职业身份的角度来看，就意味着全媒体记者的登场，作为职业记者，电视新闻记者在一系列的变革中可以深切地感受和体会到实践层面职业活动和思维方式的转型，那种从单一走向全能、从封闭走向开放的职业状态重塑着记者的职业内涵。

澳大利亚迪肯大学新闻学院副教授史蒂芬·奎恩博士认为，"全能记者"分三个层次：第一个层次是能够用手机对突发事件进行报道；第二个层次是一个记者能够在一天内为网站写稿，又能提供视频和博客新闻，还能为报纸写稿；第三个层次是能够为报纸写深度报道，又能够为电台电视台做纪录片。最理想状态就是，传媒集团能拥有所有这三个层次的记者。

在媒介融合的过程中，我们已经看到了传统记者转型的价值与意义。他们对于传统新闻报道的突破与突围，重新唤醒了受众对于新闻的关注和深入思考，这种在表达方式上的创新，其优势主要表现在以下几个方面：

1. 现场新闻的实时同步报道，尤其是网络的实时滚动报道，记者现场的播报能力、采访能力，多媒体语境的转换能力，传播技术的应用能力显得尤为重要，它突破了新闻发布消息的时效瓶颈，突破了区域限制，扩大了所属媒体的区域影响力，也体现出数字新闻时代的基本特征。

2. 强烈的现场感使日常报道更加生动。在新媒介技术的引领下，记者对现场报道的选择，一方面更加注重受众的体验和参与度，另一方面技术设备为受众参与新闻内容的生产提供了更多可能。电视新闻记者的视角应是全息的，同时在新闻内容的选择上也更加注重吸纳用户采制的内容，在电视传播的场景中呈现更加多元化、立体的空间。特别是在突发新闻的现场报道中，媒介机构的记者往往是在事发之后对现场进行报道，这种报道的时间差就可以由现场的用户来弥补，所以对于全媒体记者来说，现场的真实性、准确性、生动性是多维度的。

3. 优质的制作水平和深度解读新闻的能力。全媒体记者不仅要能够进行现场播报、即兴评述，还要能够以较高的专业表达能力报道新闻。这种表达方式可以是文字语言，也可能是视听语言。例如 2016 年央视推出的时政微视频以全景式的画面带来不同以往的观看感受。此外，在随后的国内重大新闻中，央视的"V观"系列时政微视频打造出"V观习主席出访""V观两会""V观 APEC""V观 G20"等多个子品牌，运用独家视频资源和品牌优势，持续在各平台输出优势报道，从内容和表达方式上表现出创新升级的态势。2017 年 5 月 20 日，"央视新闻"自主研发的移动直播工作平台正式上线，记者可随时随地用手机进行视频直播和回传，移动直播又可剪辑生成微视频，实现了"大屏带小屏、小屏回大屏、多屏联受众"的良性互动，增强了新媒体产品的时效性和影响力。

融媒体时代的新闻报道也呈现出新气象。2016 年 6 月 23 日，江苏北部遭特大暴雨和龙卷风袭击，至 6 月 26 日，这次特别重大灾害已造成 99 人死亡，846 人受伤。此次灾难报道中，媒体采用融媒体报道模式积极报道救援细节，如"央视新闻"运用直播平台开启现场直播，前线记者带领观众探访江苏阜宁龙卷风冰雹救灾现场，创新重大突发事故报道模式。微博舆论场中由《人民日报》主持的微话题"阜宁冰雹龙卷风"及"央视新闻"主持的微话题"江苏盐城龙卷风冰雹"总阅读量约为6.4亿次。微信舆论场中,上榜账号发布相关文章12篇,多维度展开报道。2017年两会期间,一段动漫微视频《你所不知道的中国民主》在CGTN的6个外语频道和全网推送,引来国外受众"驻足"观看。由CGTN英语新媒体制作的可视化报道《干字当头!十张图回顾总理工作报告金句》也令观众耳目一新,这一报道形态让2万字的政府工作报告一目了然。

通过以上分析不难看出,全媒体时代的记者其改变主要来自于两个方面。其一是职业壁垒的打破,这就需要职业记者与非职业记者建立一种全新的关系——互相依存、互相融合、互为补充、共生共荣。公民记者为职业记者提供丰富的新闻素材等"原料",但大量的信息来源真假难辨、质量参差不齐,需要专业记者对公民记者提供的信息进行甄别、选择、加工,从专业、深度、职业道德、社会责任等多个方面进行把关。对待公民记者提供的信息时,新闻媒介的工作重心应该从"供应"转到"选择",真正实行"编辑中心制",把工作重点放在信息的分类、过滤、鉴别、加工、评价上,使新闻媒介更像一个信息加工厂或信息中转站,从而更好地发挥新闻传播的组织者和管理者的作用。此外,职业新闻工作者还要做好"导航员",引导人们有益阅读。记者不仅要做"瞭望哨",要求真实客观公正地提供信息,还要做受众信息的"管家",如在内容制作上便于受众理解消化信息,通过论坛等加强与受众的互动,通过种种方式将信息服务延伸化,如帮助受众释疑解惑、提炼观点、充当裁判及新闻后期跟踪服务、附加服务等延伸服务,解决受众的实际问题。

其二就是来自于媒介技术冲击而推动的新闻记者职业能力的更新。融合的出现对现有媒体秩序是一个意义深远的挑战,作为全媒体记者要会拍摄,包括摄影和摄像,还要会写、会说、会评论,既要能够做好现场的采访,还要能够进行准确和独到的评价和分析。与此同时,记者还应善于沟通和交流,并掌握文字、图片、视频等的采编方法,能够运用多媒体技术进行现场传输处理,这种在第一时间、第一现场通过立体的传播方式和技能对新闻信息的整合和报道，往往体现为专业视角下快速、准确、灵活的报道水平。不仅如此，全媒体记者还必须打造自身的平台意识和数据挖掘、分析和可视化的呈现能力，这种能力所表达出来的就是语态的亲切自然、内容的引人入胜。当然最重要的还是要提高职业记者的专业水准，并充分保证职业记者的采访权益。中国目前正在积极推进新闻记者的职业化和准入制度。自2009 年 2 月 25 日起，新闻出版总署在全国统一换发新闻记者证，预计换发记者证总量超过 20 万个。新版记者证特别新增了"各级人民政府应为持本证进行采访的新闻工作者提供便利和必要保障"的内容。新闻出版总署有关负责人指出：新闻采访工作是有效实现人民群众获取知情权的职务行为，媒体客观公正的采访报道和依法进行舆论监督是社会健康发展的重要保障。在新闻记者证上增加这一内容是适应国家近年来对新闻工作更加公开、更加透明的要求，特别是适应《政府信息公开条例》等法规的要求确定下来的，各级政府部门要充分尊重新闻机构对涉及国家利益、公共利益的事件依法享有的知情权、采访权、发表权、批评权、监督权。新闻机构及其采编人员依法从事新闻采编活动受法律保护，任何组织和个人不得干扰、阻碍。各级人民政府应为合法的新闻采编活动提供便利和必要保障，及时主动地公开信息或向采访记者提供涉及采访事件的真实信息，不得对已经核实的合法新闻机构及其采编人员封锁消息、隐瞒事实，没有正当理由，公职人员不得拒绝采访。2015 年中央网信办向首批 14 家新闻网站发放记者证，新闻网站采编人员被纳入统一管理。首批获发记者证的网站包括人民网、新华网、中国网、国际在线、中国日报网、中国网络电视台、中国青年网、中国经济网、中国台湾网、中国西藏网、光明网、中国广播网、中国新闻网、众信在线等 14 家中央主要新闻网站，总共 594 名记者。

媒介的变化不仅仅在于媒介本身，伴随着媒介技术的变革，记者作为把关人的角色发生了深刻的变化，这种改变既来自于外部条件改变带来的实际操作层面、技术能力上的改变，同时也来自于记者自身对身份定位、新闻理念的内部变革。这种来自内在的变革力量，使新闻记者一方面需要重新审视外部环境，保持与技术力量相互呼应、协调的状态；另一方面又需要由内而外的自我革新，这种阵痛同时会带来对自我认同的重新确立，在坚守与扬弃中寻找新的路径。

在职业身份认同、媒介技术转型融合、媒介机构的制度化力量等几个方面的交互作用下，电视新闻记者作为传统媒体的典型代表，尽管面临着诸多方面的压力，但是不可否认的是电视新闻记者依然延续着传统的新闻职业规范以及政治使命，在社会化、商业化的浪潮中作为新闻信息权力结构中的重要环节，形成了以媒介技术革新为主流话语的把关人模式。

第二节　电视新闻节目主持人的特征与发展趋势

主持传播，是传统广播电视媒介中的一种以主持人或主持人节目形态呈现的传播方式。由于其大众传播与人际传播相结合的鲜明特点，为传统大众传播注入了浓郁的人格化特色，从而在传统广播电视媒介的发展上意义显著，甚至被认为是电视节目从初级产品向高级产品过渡的主要特征之一。对于电视新闻与电视新闻节目来说主持人都是一个极其重要的角色，在新闻节目中主持人是主导节目风格特色、掌控节目运作的核心，同时还兼具记者采访、评论等事关新闻内容的主要工作。电视新闻的黄金时代，造就了一大批声名显赫的主持人，他们不仅是职业记者，而且还是影响力巨大的明星，其公信力、影响力甚至超越了国家总统。例如，美国最著名的新闻节目主持人沃尔特·克朗凯特（Walter Cronkite，1916—2009），曾在"最值得信任的美国人"评选中排名第一，这从一定程度上显现出著名节目主持人的重要地位。而在 2012 年 BBC 的丑闻中，著名主持人吉米·萨维尔的不当行为引发了国内巨大的信任危机，这位主持人高达 1000 万英镑的年薪足见他对整个英国社会的影响力。所以新闻节目主持人与新闻节目之间这种特殊的关系，不论是从商业价值还是从新闻专业角度都是无法忽视的。也正因如此，在我国新闻节目主持人发展的过程中，国外一些优秀的新闻主持人成为我国电视新闻节目主持人的事业标杆。爱德华·默罗、克朗凯特、丹·拉瑟等被视为电视新闻节目主持人的典范，约翰·钱塞勒、汤姆·布罗考、彼得·詹宁斯、芭芭拉·沃尔特斯等美国资深记者、新闻节目主持人，脱口秀节目主持奥普拉·温弗瑞和拉里·金，以及日本新闻节目主持人久米宏等，他们的节目样式和主持风格也对我国电视新闻节目主持人有很大影响。此外，记者——名记者——名主持人——评论员，美国电视新闻节目主持人的主要培养路径也成为我国电视新闻节目主持人的培养路径之一。

一　主持人构建与电视节目的主体性关联

主持人所在媒体的文化背景、传播理念及其对新闻内容的处理方式，也是影响电视节目风格形成的关键因素。在早期的美国电视节目中，电视新闻微不足道。随着电视媒体的发展，权威电视新闻报道和权威电视新闻节目主持人的出现，局面得以扭转。在 1952 年，产生一个新的术语"新闻节目主持人"（anchorman），其本义是指在田径接力赛中最强的队员跑最后一棒。而克朗凯特就成为第一个所谓的"anchorman"——新闻节目主持人。爱德华·默罗在《现在请看》节目的报道及其与麦卡锡主义的斗争，"使美国人多次领略了货真价实的新闻"，"几乎是惊人地代表着电视中最美好的东西，即不断勇敢地探索社会和政治问题的复杂领域"。1961 年，由于倾慕默罗的正直和才华，肯尼迪总统特别邀请默罗出任美国新闻署（USLA）署长，这一决定也代表了政府对电视这一新兴媒体的重视。"电视新闻节目主持人之父"克朗凯特被誉为"美国最值得信赖的人"，正是源于他在越南战争报道和水门事件报道中体现出的刚直品质。经过几代人足以载入史册的努力，电视新闻节目主持人兴起与不断发展壮大，开启了美国电视新闻"一个新的时代，一个首先强调声望的时代"①。

20 世纪 80 年代初期，中国电视刚刚兴起之时也一度被受众与媒体同行所轻视。中央电视台著名新闻节目主持人敬一丹回忆自己当时

---

①　李彬：《全球新闻传播史》，清华大学出版社 2005 年版，第 367 页。

在黑龙江人民广播电台工作的经历时曾说，那个时候广播记者对同一座楼里上班的电视记者不屑一顾，偶尔被抽调到电视台帮忙，也总是想着尽快回到电台。然而，随着中国电视新闻影响力的提升，一些知名的电视新闻节目以及主持人都成为一个时代家喻户晓的明星。中国电视主持人的兴起和发展与中央电视台的一系列节目有着密不可分的关系。20世纪90年代，《东方时空》电视新闻杂志创新并贯彻了电视新闻节目主持人制度，培养了一批具有全国影响力的电视新闻节目主持人。总主持人制使得《东方时空》整体风格统一、标识明显，进一步树立了《东方时空》的品牌形象。与此同时，敬一丹的知性关切、白岩松的敏锐思考、水均益的国际视野、方宏进的经济学背景在《东方时空》得以发挥并强化，逐渐形成了他们自己特有的主持人定位及主持风格。随后《焦点访谈》《新闻调查》《实话实说》等节目的开办被视为《东方时空》之后央视新闻改革的第三步，尤其是1996年3月16日，中央电视台实验性谈话栏目《实话实说》开播，开启了中国电视谈话节目的潮流，进一步确立了电视节目主持人的地位，崔永元也因此成为了家喻户晓的明星。与此同时，《焦点访谈》《新闻调查》等新闻节目还培养了一批兼具记者和主持人双重能力和身份的代表性人物，如崔永元、章伟秋、柏杨、翟树杰、王利芬、长江、侯丰、王志、董倩、柴静、杨春、孙宝印、李小萌、张泉灵、张羽等。这些主持人经过1997年香港回归、1998年长江抗洪、1999年澳门回归、新千年到来等重大新闻事件直播的锻炼，并在2003年伊拉克战争报道、抗击"非典"报道、2008年汶川大地震报道、北京奥运报道、2010年上海世博报道中逐渐走向成熟，体现出中国电视新闻主持人的整体风格和能力，也使电视媒体一跃成为继报刊、广播后最重要的大众传媒，进入前所未有的黄金发展阶段，电视新闻节目主持人也广为人知。

2002年，著名的民生新闻节目《南京零距离》的开播对于电视新闻节目主持人的语态转型具有标志性意义。《南京零距离》主持人孟非在读报时观点明确、有理有据，嬉笑怒骂不着痕迹。北京电视台《第七日》的元元以北京人特有的幽默、辛辣和貌似玩笑的口吻来点评严肃的话题。民生新闻亲切自然、点评犀利的主持话语立刻引起了广泛的社会关注。这种风格将以播报为主的主持风格转变为以讲述为主的风格。这些主持人在新闻节目中的积极探索和专业化表达，开拓了电视新闻节目全新的表达空间和叙事风格，他们彼此之间的关联性也体现出电视新闻媒体的独特传播逻辑。然而，在一些民生新闻中主持人也出现了庸俗化、低俗化、"伪平民化"的趋势，如主持人在"9·11"事件和其他一些事件上的失语和失误使电视媒体受到受众的诟病。然而在媒体自身发展以及外部条件双重动因的影响下，电视节目主持人随后在一系列重大现场新闻报道中的表现和创新，重新为电视媒体和自身赢回了声誉。

新闻节目主持人的角色定位与独特价值使其成为对节目分析和认知的重要视角。在以新闻节目主持人为核心的分析过程中，不难发现新闻节目与主持人之间彼此成就、互相影响的多层面关系。这包括主持人的语言风格、主持特色、个性特征、非语言元素等一系列主持要素对节目的影响和表达。如果从节目主持人的角度去判断两者之间的关系，特别是从节目主持人个人品牌价值的形成和积累过程来看，主持人个人与电视节目之间，存在着三种基本关系，即"主持人主导型关系、节目主导型关系以及平衡型关系[①]"。主持人与电视节目之间的不同关系，直接决定着其在节目中的实际影响力，也最终决定着其个人品牌的真正价值。

1. 主持人主导型。在这种类型中，主持人的个人能力和影响力成为节目知名度的主要推手，节目往往冠以主持人的名字，以此凸显主持人的个人风格和特色，如《一丹话题》《小崔说事》等。这些节目大都是在主持人已经具有一定知名度，并且主持风格相对稳定的情况下创办的。其中《一丹话题》是全国第一个以主持人名字命名的节目，而敬一丹则成了央视乃至全国"第一个吃螃蟹的人"。90年代国家从计划经济开始转向市场经济，人心变得很活跃，央视这种开放和

---

① 星辰、邱一江：《主持人个人品牌价值与节目的关系》，《青年记者》2014年第18期。

鼓励个性的姿态促生了《一丹话题》。节目于 1993 年 5 月 10 日首播，持续了五十多周，从选题、采访、编辑到制作，每一环节敬一丹都亲力亲为，经常处于超负荷状态，最终使节目逐渐流于粗糙。敬一丹曾言："这种工作方式有利有弊。表现在节目上，有些节目仓促、粗糙。表现在我个人的状态上，我常常很累，疲于应付。"节目在 1994 年 5 月告别观众。主持人主导型关系的最明显特征，就是主持人主导并成就了电视节目，而不是相反。

2. 节目主导型。在此类型中，往往是以电视节目的知名度为主导的，在一定程度上是电视节目提升了主持人的知名度和影响力，主持人是依托这些具有品牌力的节目逐渐形成自己的主持风格和特色，并在此基础之上具有了知名度。一旦他离开了这档节目，其个人影响力就会大大降低，这种关系中节目本身的特色、品位和气质是处于主体地位的。

3. 主持人与节目平衡型。这种类型是主持人与节目之间形成了相互依托、彼此成就的关系。电视节目因主持人的风格和特色形成独具一格的风格，同时主持人又在节目的特色中进一步深化和塑造了自身的主持特色。在观众心目中主持人可以成为这档节目的代名词。所以，当主持人离开这档节目后，就有可能出现节目品牌力下降或主持人影响力、知名度衰退的情况。著名的职场节目《非你莫属》就是一个非常典型的案例。在主持人张绍刚离职后，节目经历了很长一段时间才重新找到较为清晰的样式。而著名的新闻评论节目《新闻1+1》则体现出鲜明的白岩松风格，可以说这档节目的灵魂就在于作为主持人的白岩松身上，所以他选择放弃制片人角色，专心于主持人工作，可以说是保证节目质量的最佳选择。在电视节目与新闻主持人之间这种无法分离的关系之中，我们可以清楚地看到其最为关键的就是两者之间的匹配度。

从具体操作的中观层面来看，这两者所形成的特殊关系又往往是以比较具体的独特性、相关性呈现出来的。如果仅有特殊性能让观众过目不忘是远远不够的。节目主持人在节目中体现出的情感、思想内容等都要与电视观众具有相关性。也就是说，主持人要树立平民的心态，要让观众觉得你和他一样是一个活生生的生活在同一社会中的人。只有那些情感、认知上真正相似的感觉才会使受众产生喜欢之情，而喜欢才会进一步增加相似的感觉。崔永元曾说做新闻节目主持人有两个重要前提，一是心态，二是技巧，心态放在前面，技巧放在后面，心态就是平民心态。对于《实话实说》节目来说，他力求塑造一个让观众感受到与自身没有距离的真实主持人的形象。从这个层面来看，主持人与节目之间的内在关联本身又体现出节目的价值取向，对于主持人来说最重要的就是能够建立一种平等的心态，这是建立相关性的前提。对于电视新闻节目来说，主持人通过对新闻的认识、解读、表达在节目中体现出更深刻的理解，这种理解首先是建立在对受众日常生活的关注之上，将他们认为重要或者关注的问题呈现出来，在节目中就会将这种相关性从主持人的角度表达出来。所以对电视新闻节目主持人来说，他不仅是节目内容的掌控者，而且是节目内容重要的叙述者和意义的生产者，这种内在的关联就成为节目与主持人之间最本质的关联性。

二　记者型主持人的独特传播方式

在主持人的分类中，有一种类型被称之为记者型主持人，事实上，这种分类本身并不是规范的职业称谓，而是一种特征性的强调。近年来，在激烈的媒体竞争中，主持人的分量显得尤为突出，他们不仅是一档节目的灵魂，还是节目价值导向的主要推动者，特别是在新闻节目中，那种能够将主持人与记者、评论员几者完美结合在一起的综合性人才特别引人关注，同时也成为很多节目和受众所期待的特殊人才。记者型主持人是集新闻采集、选题策划、节目编播和制作于一身的节目操盘手和形象代言人，在电视节目的生产过程中，记者型主持人对于事实的选择、新闻的判断、话语的表述及现场流程的把握，构成了电视节目的专业化特征和个性化风格，直接影响电视节目的传播效果和受众认同。他们成为节目最为核心的灵魂，成为将个人风格与节目特色最大化地融合在一起的力量。事实上，他们的特殊之处或稀缺性并不完全在技术上，而是这种主持人往往具备记者的采访、思辨和写作的能力，也就是说他们在一般主持人的职业层面上有效地结合了记者对新闻的敏锐捕捉、挖掘，以及深刻的思考与分析，并将新闻记者最重要的职业内涵——人文关怀，渗透于主持新闻的传播过程中，从这一层面说，他们将主持人与记者两种职业形成交融并走向深化，在媒介融合的发展趋势下，这一主持人类型融入了更多的新媒体特征。

在各类电视节目中，通常新闻评论类栏目或社会纪实性栏目中多选用记者型主持人。近年来，在消息类新闻节目中也特别强调主持人的记者能力，比如在央视的新闻节目《新闻直播间》中，主持人经常运用现场采访、评论等具有鲜明记者职业特色的方式进行直播主持。可以说，当下记者型主持人已从原来较为专门化、个别化发展为当前的常态化、普遍化。也就是说，这些主持人必须具备良好的记者职业能力和素养，应拥有较为丰富的工作背景或经历。在整个新闻内容的生产流程中从新闻及节目的前期策划、拟定选题，到中期的采访、现场的主持乃至后期的编辑、播音等各项工作进行全程的参与或主导。记者型主持人在新闻节目中体现出作为职业记者对事件的调查、分析、研究和评价的能力和水平，并在碰撞和思索中与受众价值取向产生共鸣，其鲜明的个人风格、独到的见解获得受众的认可和接受。因此，在他们身上更注重和强调的是优秀记者的职业水平。从总体上看，这类主持人最大的特色和核心就是"记者"的内涵。

在职业定位上记者型主持人的基本特征可以包括两个层面：其一是作为记者的职业特色；其二是作为主持人的职业能力。从第一个层面来看，他们必须具备记者扎实的采写基本功。采访是记者职业中最为核心的内容，它能够使记者进入新闻事件的深处，使其真正面对所发生的新闻事件。只有在这种动态的真实环境中，记者通过个人的感觉、认知，寻找到新闻中最具价值的内核，不断探知新闻的真实性，从而将思想、见解、分析等新闻中饱含人文关怀的、社会担当的精神融入新闻报道中。因此，我们在节目中看到这些主持人的敏锐的反应、流畅的表达，殊不知这都是以扎实的记者基本功为前提的。因为对于记者型主持人来说，在节目中的随口即谈、张口就说绝不是随意的现场发挥，这些内容往往基于前期的充分准备、深入的采访以及对现场的精准分析等。美国最著名的哥伦比亚广播公司《晚间新闻》主持人沃尔特·克朗凯特，早年就曾在合众社时接受了职业记者训练，在那里他学会了准确报道、精练写作，并在现场采访后迅速发稿。正是合众社的记者生涯为他积累了丰富的工作经验和社会经验，使他将传声筒式的播音员变成能调配和整合节目播出要素的主持人，由他主持的哥伦比亚广播公司《晚间新闻》高居全美电视新闻收视率榜首长达 21 年。中央电视台国际新闻主持人水均益在从事主持工作之前，曾有过在新华社中东分社 10 年的驻外记者经历。而中国目前最著名记者型主持人敬一丹、白岩松都是以其优秀的记者职业能力开拓了中国记者型主持人的历史。

在主持实践中，主持人是节目最主要的叙述主体，他呈现出的是节目最显著的叙事线索，所以对节目来说主持人表现具有导向性、方向性。因此，这些主持人还应具备新闻节目的策划与制作能力，要将对节目的深入认知和对新闻的准确理解融入节目的制作中去。记者型主持人不仅要动口，也要动脑、动心、动手。作为记者型主持人，不单纯是声音和形象的传播者，面对新闻事件和社会现象，还必须具备思考和感悟的能力。在身处新闻现场和面对采访对象的时候，能用心感受、用心思考、用心表达，这样才能表现出新闻的多样性。业界颇具影响力的记者型主持人白岩松最大的特点就是以自身对新闻的认识和判断对新闻进行报道，并通过个人化的语言风格将独到的观察、发现、见解诠释为一种独特的主持风格，形成了无法复制和无可替代的价值。也就是说，记者型主持人的有效表达应该是记者的思想和主持人的声音的有机结合。同时，记者型主持人也要参与节目的制作，要善于调动节目制作的相关要素来提升节目的新闻价值和社会效应。主持人不仅要关注节目的前期生产，更要重视对节目后期制作的打磨，否则很难成为电视节目质量的主导者和把关人。

从第二个层面来看，记者型主持人又必须具备优秀主持人的能力。对于优秀主持人的判断可以说是多方面的，但有一些又是具有共性的，比如赋予节目个性化风格的素质、全局的掌控力以及临危不乱的应变能力。在媒介融合的时代背景下，他们还应该具备相当的媒介使用和应对能力。凡有一定社会知名度的记者型主持人，均有鲜明的个性化风格。他们摆脱了一些专业主持人的窠臼和程式化表达，以较为个体化的形态、语言，恰当得体地为节目打上鲜明的个性化烙印，大大提升了节目的新鲜性、感染力和吸引力，并形成受众对节目主持人的约会意识。白岩松主持的《新闻1+1》，对新闻事件的叙述客观到位，对新闻事件的点评理性而有建设性，既有大局观又能接地气；柴静主持的《新闻调查》，沉静中显示出力量，对话中不乏锋芒，鲜明的问题意识和寻求真相的质疑精神得到了很好的体现；敬一丹在平和中渗透出的力量，在细腻中体现出的深切关怀，都使节目上升到了新的高度，他们不仅是新闻节目的主持人、新闻的传播者，更是职业记者面对时代、面对新闻勇于践行新闻理想的担当者。

三　媒介融合：转变的主持业态

新媒体的到来，不仅改变了媒体的传播生态，也使主持传播有了新的变化。首先，主持人的主体构成呈现出多元化的态势，人人成为主持人的时代已经到来。最为显眼的就是草根主持人的大量涌现。2016年被称为直播元年，网络直播技术和直播平台的搭建，为人人成为主持人创造了新的机遇和可能性。任何普通民众都可以借助新媒体，运用有声语言传播信息，人人都可从事主持传播，在网络平台中以主播身份出现的一批普通人迅速演变成为了"网络红人"。他们的出名依旧沿用了主持人的特殊价值，但是这样一个群体的崛起也在一定程度上体现出主持人的去专业化趋势。在人人都是记者的时代，人人也可以都是主持人，主持传播活动不再是传统媒体、中央媒体和专业化媒体主持人独有的现象。与此同时，我们不能忽视的是随着网络节目的逐渐成熟，又出现了一批具有专业背景、专业知识的另类主持人，他们不仅成为网络节目的核心，也不断与传统节目形成互动，比如《罗辑思维》的主持人罗振宇，其个人主持的影响力和代表性已成为网络节目的翘楚，但是2016年他在深圳卫视的一场近四小时的跨年演说，将这种主持影响力拓展至传统媒体中，也扩大了他在观众中的影响力。

其次，主持传播平台日渐多元，全媒体多平台传播渐成主流，传统媒体主持传播"独大"地位开始松动。微博、微信、大数据技术的快速发展，使不论是新媒体主持传播，还是传统媒体的主持传播，都拥有了丰富的传播新技术和平台，主持人真正实现了多媒体全方位传播。主持人获得了更大的叙述空间，一些主持人通过个人微博、微信与受众、粉丝沟通建立情感，拓展他们自身的知名度和影响力。同时，近年来传统媒体的主持人开始走向网络节目，著名娱乐主持人谢娜主持的网络节目收视率、点击率都非常高，也使她个人的主持风格获得了新的提升空间。传统媒体主持人主动转战新媒体，从一定程度上也透视出传统广播电视媒体在整个传播格局中地位的变化。自改革开放以来，我国广播电视媒体一直居于强势媒体之列，它巨大的社会影响力和在新闻传播中的特殊地位，使得传统广播电视媒体的主持在既有的主持传播格局中始终居于主导地位，并获得了得天独厚的发展优势和话语权。一方面主持人的数量在传统媒体中占到了绝对优势，另一方面那些知名度高的传统媒体主持人对重大社会事件有着"意见领袖"的巨大影响力，广播电视名主持人可谓名副其实的社会公众人物，其影响远远超过平面媒体的名记者和名编辑。随着新媒体的兴起，特别是新媒体中主持传播的大量涌现，由传统广电媒介主持传播占主导地位的主持传播格局开始动摇。以微博、微信等社交媒体的话题主持为例，通过设置有趣的话题发起讨论，新媒体已成功吸引众多粉丝从传统媒体转到新媒体平台，如微博名为"电视剧《花千骨》"的主持人，其粉丝量达到607774，话题阅读次数达到49.2亿人次，参与讨论的共有656.1万人，其最新话题"花千骨主题曲"就有2万人转发，1万人评论，3万人点赞。而由"娱乐喵"主持的"国民闺女贾云馨"话题，同样吸引了17.4万人参与讨论，阅读人次达到2.3亿人，已远超过电视媒介中的一般主持传播，新媒体中的主持传播已然通过分流原来吸附在传统媒体主持传播活动上的受众注意力，而成为新的主持传播格局不可忽视的重要力量。在这种演变过程中，体制内的媒体尤其是国家级媒体的阵痛是最为剧烈的。原本它们因为独一无二的资源和平台获得了无人能够匹敌的优势和权威性，然而面对蜂拥而至的新媒体冲击、受众需求的转移，这种核心力量正在被逐步消解。处于媒介转型期的国家级媒体主持人，也因为各种原因纷纷离职，或跨媒体转型，或跨职业转型，或跨节目转型，这些不论是从媒体本身还是主持人自身，都可以看出媒介格局变化对主持人职业的内在冲击。

再次，主持传播权威性日渐消解，体制外主持影响力日渐匹敌甚至超越体制内的主持人。主持人这一职业原本生成于专门的媒介平台，媒介的技术壁垒使其具有了强大的话语专属权，也使这一职业具有媒介垄断性。在一定程度上，这一职业的光环主要来自于这种媒介的专属性，因此，在相当长的时间内，主持人的地位和影响力是与媒介平台紧密结合在一起的。此外，在传统媒体时代，新闻媒体传播的单向性和自上而下性，使主持人获得了极大的传播主导权和主动性，他们往往以强势姿态传播新闻、引导舆论，进行舆论监督，并在主持传播的过程中建立起知识权威的角色，对于传统媒体的受众来说，他们始终是"仰望"着那些备受瞩目的主持人。然而这种权威性在新媒体出现后瞬时被消解，各类活跃的新媒体如博客、播客、BBS、微博、微信等在传播方式上构建了双向互动的信息传播体系，受众在传播过程中有了充分参与的机会和分享的平台，主持人职业的内核也被重构，新媒体的赋权，打破了主持人由传统媒体垄断的格局，主持话语的多样性消解了传统媒体主持传播的权威性，主持传播权利随着新媒体的发展迅速转移，传统媒体主持的权利在新媒体语境中明显弱化。从主持人的职业内部来看，随着直播技术和平台的发展，主持人的话语权利与形象权利也在进一步走向融合，比较明显的就是网络直播、视频新闻等形式催生了一批新的主持人，他们的出现在新媒体平台上不仅展示了主持人的前台行为，而且将受众平时难以见到的"后台行为"也展示出来，这其中不乏恶俗的内容，但是这一传播模式已经改变了传统主持人原有的传播格局。近年来，网络自制节目风生水起，一方面它们在借鉴传统电视节目的基础之上，尝试开辟符合新媒体传播特性的新节目类型，另一方面网络自制节目借助于传统媒体把控严格的空间优势，以开放和多元化的平台资源为那些无法在传统媒体上得到传播的节目提供了传播的机会。因此，网络自制节目的内容具有两种倾向，一种是以感官娱乐迎合大众的娱乐综艺节目，另一类就是以个性化、独特的思想性吸引受众的文化类节目，如《罗辑思维》和《一千零一夜》。这两类节目中既有从传统媒体中走出来的主持人，也有新媒体培养出的新型主持人，如《大鹏嘚吧嘚》主持人大鹏、新浪财经节目《新浪财经股市播报》主持人艾府明、乔旎，以及众多聊天室的草根主持人，他们或者是演员，或是教师，或是普通的网民，以兼职身份介入到主持传播活动中，主持传播只是业余活动。与传统广播电视主持相比，体制外的主持人在流动和品牌营销方面具有更大的自由，更容易出现在广播电视媒介上，也更容易形成社会影响。像大鹏、罗振宇、高晓松等体制外和新媒体的主持人，无论在社会知名度还是影响力方面都表现出超越电视知名主持人的势头。而且这些主持人在传统媒体与新媒体之间相互游走，更为拓展自身的影响力创造了丰富的机会。

最后，新媒体语境下主持风格日益多样化，个性化、草根性、娱乐性特征明显。在传统主流媒体中，端庄典雅、严肃大气、正襟危坐、字正腔圆一直是正统的主持风格，也在传统主持风格中长期居于绝对的主导地位。以央视为代表的主持人群体就是最典型的代表，如老一代的赵忠祥、敬一丹，中生代的白岩松、崔永元，再到新生代的李梓萌、康辉、欧阳夏丹等，他们所代表的传统主流媒体主持风格毫无疑问都是以严正型为主流，其底蕴是艺术性、新闻的专业性。这与本身的媒体定位与节目内容有关，但是长期以来这种正统的主持风格的确成为一种相对固化的模式，南京电视台著名的民生新闻节目《南京零距离》主持人孟非开启了一种新的新闻主持风格，即说新闻、评新闻，亲切、自然、锐利的风格给新闻节目主持带来了新的风气，也由此影响了一大批新闻主持人的播报主持风格。然而，在新媒体环境下，这种主持风格也成为了过去时，个性化、亲民化、重娱乐成为新媒体主持的主体风格。依靠自媒体平台的特点，主持人会根据自己的情况在节目主持中更多地在内容上表达独树一帜的见解，不以语言说话方式取胜，节目主持核心重在思想观念的表达，以及思维逻辑的呈现，剥离传统媒体平台的束缚，主持更加个性自然，主持风格不是为了博得大众的好评和赞美，而是通过个性的表达去寻找和自己有相同思想的声音。个性化的形态、语言构成了主持人与节目的个性特征。例如爱奇艺的《奇葩说》节目具有明显的草根特点。所谓"奇葩"，其实恰恰代表着草根与传统意义的精英之间思想的较量，三位主持人围绕节目的主体——草根，展开一次次交锋与对话，来自民间的百姓大众以其平民的视角和语言向他们发问，节目中三位主持风格各异的主持人则运用草根话语予以回应，并发挥自身的语言特色和主持特点迎合网络受众的审美需求。这种个性化、草根性的语言将大众民意与传统意见领袖的交流和沟通变成一种有观赏性的看点，并在节目中不断强化个性化与草根性的表达特征。从当下多种网络脱口秀节目来看，这种鲜明的主持风格成为节目的一大亮点。2016年巴西里约奥运会央视十三套的白岩松"段子式"的解说更具个性化的色彩，虽然两套频道同时直播，两组现场画面相同，然而两者的语言内容、解说风格却迥然异趣。央视一套综合频道是传统的大型开幕式解说，它以播报和朗诵相结合的方式，声音特质为端庄、大方、严谨、昂扬，主持人男女搭档，解说开幕盛况、与会领导人、活动进程、运动员风貌等等，而白岩松大胆尝试，一改往常思辨严肃的主持风格，语言幽默、自然、轻松，完全摒弃了传统的主持模式，在主持过程中将个人经历、个人感情话语渗透在对内容的阐释中，"有钱没钱回家过年""西红柿炒鸡蛋这个衣服还可以吧？很多中国人第一次学会的菜就是西红柿炒鸡蛋啊，低调又平民……""看见别人家好看的进场服装还是很羡慕的""吉赛尔和姚明的共同点都出生于1980年，这是一个神奇的猴年，两个人都是身高很高，收入很高"等等，这种新颖个性化的表达方式受到了广大网友的喜爱，白岩松幽默、段子式的解说，微视频次日点赞量就过千万，他异于平常的主持风格为观众带来了别样的观看效果，不仅成功地吸引了观众的注意力，而且还让场外的观众深刻地感受到现场的气氛，积极融入现场，将主持人的个人情感与大众情绪巧妙地结合在一起，与整个现场形成了一种共鸣。与此同时一些语音门户网站如 YY 语音、喜马拉雅、蜻蜓调频等也出现了很多网络草根脱口秀节目。这些节目主持人的来源极其多样化、背景各异，他们在节目中没有明确的形象，也没有特定的门槛。这些主持人被互联网所打造，以他们丰富的人生阅历阐释对话题和事件的理解，也使受众对媒体的了解更加多样，能够在节目制作的理解上不断推陈出新，表现出了对主持特色的创新和视角呈现的独特性。在这些纯音频的草根脱口秀节目中，传播主体只是一个网名代号配以自选的头像，他们通过语音的方式表达自己的思想观点，有的是对社会现象进行尖锐的点评，有的仅仅通过语音有选择地在相关领域表达自己的观点。这些草根脱口秀因为在内容和表达方式上更为接近寻常百姓，深受一些网民的喜爱，有的甚至成为拥有上万粉丝的大 V。大量的网络主持人的出现，虽然使多样化的主持风格成为可能，也使这一职业走向非职业化的发展路径上来，但是在这其中所表现出的语言不规范、恶俗化的倾向尤为值得警惕。与媒介技术环境变化相对应的是主持空间的转变，原本单一的叙事空间在媒介技术的变革之下出现了立体化、多维化的样式。2015 年的国庆期间，系列报道中《数说命运共同体》带你玩转"一带一路"，节目用最新的虚拟技术，主播欧阳夏丹走出演播室，冲破时空壁垒，实现瞬间在不同国家的穿越，主持人"移步换景"，带观众身临其境地感知"一带一路"的风土人情。而在 2016 年的神舟十一号《筑梦天宫》特别系列报道中，再一次用"主持人+虚拟"手段。李文静打趣地说道，"这是一次连片头都不能错过的节目"，这档节目创新了主持人的叙事空间，在虚拟演播室打破了时空界限。神舟飞船从大屏幕上飞进了直播间，主持人文静在虚拟时空中体验召回飞船，对推进舱、返回舱、轨道舱，飞船的组成结构，穿越返回舱的内部进行讲解，通过这种方式让观众最大限度地感受到飞船内部的真实环境。主持人文静还身穿航天服，再次穿越到飞船返回舱里，向大家演示神舟十一号飞船与天宫二号分离过程，以及如何控制飞船速度实现安全着陆等内容。可以看到的是，两位主持人在这样的"穿越时空"过程里，全无实景的虚拟演播环境中，以极富调动性的主持方式，"在体态语上，主持人需要对视觉效果有充分具体的想象，结合动画模型的位置高度配合自己的站位、走位和动作。在时间配合上准确到位，在空间呈现上流畅自然。有声语言的表达需要主持人对新闻信息高度消化，全面理解，信手拈来，形成自己的语言逻辑，口语化演播一气呵成"①。可以说是带有"表演性"的主持，坐进飞船、穿越大气层过程中的颠簸，都像真实上演的，甚至主持人文静在主持过程中，进行模拟实物操作演练，模仿航天员的样子手控操作控制面板，仿佛一切都像真的一样在视觉上呈献给观众；主持人的语态又运用了一种介绍性的口吻，充分运用口头语言的生动性、感染力、个性化调动观众的注意力，拓展内容的表达空间，让更多的细节和感同身受传达给观众。同时，主持人在其中将自己的思考、理解赋予其中，给节目和《筑梦天宫》特别报道增加了看点，使原本程式化的节目变得生动有趣。反观之，就会发现在这样的节目内容中更需要主持人发挥个性化特征，运用个性魅力打开主持人新的叙事空间，将节目中新媒体技术所展示出的翔实生动的现场有效地传达给受众。对于主持人来说，新媒体技术与主持人之间又是一种相互成就的关系，也就是说表面上看是媒介技术拓展了主持人的叙事空间，事实上对于主持人来说其个性化的解读和认识有利于新闻空间和意义的深入开掘与确立。

在媒介技术的融合发展趋势下，原来那些主持传播空间、主持传播角色与流程、主持创作模式都发生了深刻的变化。新媒体技术时代不仅是对新技术应用的领悟，更多的是传播观念和思维方式的变革。受媒介技术的影响，主持人与节目内容之间的关系也变得更加复杂，他们不仅仅是个休特征与节目内容相匹配和融合的关系，更需要在新的传播语境中生成和拓展自身的职业角色与定位。在新的传播生态下，伴随着传播格局、叙事方式深层次的结构性变革，新旧媒体之间必将增大交融和互补的程度。对于各类媒体中的主持人来说，他们也需要从单纯的信息发布者转为信息的解读者、信息的集成者，并以更加开放和多元的身份为民众代言。对于传统的记者型主持人来说，原本从主持风格和内容上定位的这一特殊身份，也必将随着媒介技术的

---

① 赵若竹：《新媒体技术时代电视新闻播音主持创作样态的发展》，《现代传播》2015年第12期。

变革、新闻采制模式的转变而有所变化。事实上，在媒介融合发展的逻辑演进之下，记者型主持人所具备的职业特征正在成为一种普遍化需求，不仅仅对于主持人来说必须具备记者的职业能力，同时对于其他媒体从业者来说，主持人现场的播报能力、准确的语言表达能力以及情感的传递能力都是必不可少的。

四　媒介融合趋势下记者型主持人的核心能力与角色嬗变

如果说在电视作为强势媒体的时代，记者型主持人是一种稀缺资源的话，那么在媒介融合时代记者型主持人就应该成为媒体从业者的必备能力。从知识生产者的角度去确立新闻从业者的角色，立体化的传播渠道、复杂多元的传播生态、交叉的学科背景与多样的人生阅历都要求我们的记者、主持人应该具备媒介融合的思维方式、多种媒体的技术使用能力以及新闻信息的处理能力，这其中对记者型主持人来说最为核心的能力就是他们的采访能力、评论能力和策划能力。

记者型主持人原本的身份定位就已超越了简单的新闻播报、话筒架子的固有模式，成为引领受众全面了解事实真相、获知新闻社会意义、体现媒体价值导向的中介，因此他们更需要以记者的职业身份深入到新闻事件现场并能够恰当地与被采访者进行交流沟通，从这一层面来看，采访对于他们来说是一项体现专业水准的必备能力。主持人的采访提问，本身应属于广义的记者职业行为，因此与记者的采访提问有许多相同之处，但由于主持人在栏目中的位置、作用以及特有的传播身份的影响，事实上与记者的采访又是有所区别的。

对于不同的节目和主持特点的不同，主持人在采访上也是风格迥异的，如王志的犀利尖锐、崔永元的幽默风趣、白岩松的严谨庄重、敬一丹的平和大气等。事实上，在优秀的记者型主持人身上，采访的主体价值体现出他们作为一个个体、作为媒体的代言人对新闻事件独到的解读与敏锐的认知能力，在主持的叙事空间中放大了作为记者的深度和广度，反之又将这种思想与见地凝练成主持人独特的视角、独特的思维方式、独特的感受、独到的见解、独有的表达。这种生成于自身认识、自我思想和理解的深层次表达往往带有非常鲜明的个人风格和个性化特色，同时也是无法复制和难以模仿的。采访是记者职业中最为核心的工作内容，由于记者型主持人传播信息的空间与场合的特殊性，使他们的采访与日常记者的采访之间也存在着以下一些差异：

首先，记者型主持人的采访提问更加简单明了，直入主题，切中要害。在节目中，主持人的采访可分为现场直播采访与非现场直播采访。受到时空限制的影响，主持人需要在有限的时间内最大化地实现新闻信息的真实性并完成信息的传播，这就要求主持人能够把握新闻事件发展过程中每一个重要环节的要点，通过对具有新闻价值、重要意义内涵的提问，以动态式的报道方式提高受众在获取新闻时的现场感和真实性。在新媒体技术的影响下，新闻演播室功能与人员的变迁，使其由单纯的信息发布中心变成网络枢纽和平台，多重信息的汇聚与多元身份的重叠，使新闻主播在实时产生的新闻流中主导传播。新闻主持人作为这个交互式场域中的把关人和引导者，需要具备引领主流价值的认知能力。演播室中这些主持人在问题的设置上就需要更为集中、突出重点，从语言上来看，也体现出口语的清晰明了、简洁明确。

其次，作为一个记者，这类主持人在采访时又需要特别重视提问的逻辑性和框架性。对于很多新闻节目来说，主持人的采访就是节目的主要内容和核心线索，主持人采访中的提问就构成了节目的整体框架。对于逻辑性的理解，在实践中又表现为主持人在采访中通过倾听不断深化主题，带动采访的深入发展，由此将提问与回答之间内在的关联性演变为节目的结构。从这个层面来看，主持人要对采访有很好的控制能力、解读能力和应变能力。主持人是采访推进的主导者，所以他必须能够与被采访者保持同步的状态，主持人能够积极主动地、敏锐地理解被采访者回答内容的内涵或要义，做到恰当地追问。

最后，记者型主持人要能够在采访中融入对节目的主持，也就是说这类型主持人应该在采访中运用主持人的专业能力调动各种节目资源，丰富节目的主持特色和内涵。记者型主持人不是一个单一的身份，特别是在采访中他必须扮演好主持人的角色，也就是要对节目有充分的掌控能力。对采访中的节奏、话语、技巧、媒体等方面都需要通盘考虑，特别是在一些特定情况下主持人要明确提问的重点、如何提问或者用事实说话的方式代替问题的提出，来控制现场信息的调度。而好的采访有时是"此处无声胜有声"。在媒介技术的变革背景下，电视新闻播报的演播室环境同样发生了巨大的变化，全媒体演播厅集中了各种显示技术，主持人要将显示屏中的画面、文字、数据进行整理，对新闻进行深度加工，与大屏之间形成双向互动；通过演播室兼容设置的网络和外来讯号的接入，节目可以对不同类型的背景信息和互动信息进行展示。主持人就要将这些内容与采访巧妙地结合在一起，将场内与场外、背景信息与现场采访有机地整合起来，构成一种复合、立体的报道结构，增强受众对新闻接受的信任度、交互性和现场感。

在媒介融合时代传播背景下，新媒体技术为信息与观点的传播提供了必要的平台和机会，人们在分享信息与思想的同时也被各种虚假内容和不实之谈所伤害。在相当一段时间内，新媒体技术掌握了舆论引导的主动权，这也使传统媒体倍感压力与迷茫。在经历了与新媒体技术的较量和磨合之后，一方面传统媒体走上了媒介融合之路，在技术上融入了新媒体的技术优势和新的传播理念；另一方面，传统媒体依旧拥有大量的优势资源，包括话语权、公信力、人力资源等等。这些优势都可以转化为舆论引导的主动性。因此，电视新闻主持人应该具备通过评论占据话语制高点的能力，这也是电视新闻彰显立场和权威性的必然要求。央视主持人白岩松及《新闻1+1》节目就是最典型和成功的例证。对于记者型主持人来说，评论能力也是最为重要的能力之一，如果说采访、现场报道是对新闻事实层面传播的核心的话，那么评论是将新闻报道引向深入的最重要方式。在传统媒体中，评论员评论往往代表着媒体立场，评论在新闻报道中的主体地位和特殊话语使其具有非常强大的影响力。在这方面，地方卫视安徽卫视近年来也坚持将新闻评论节目作为重点和特色发展，在新闻节目中灵活运用评论，重要新闻事件突出评论，以立场吸引受众。新闻评论节目《超级新闻场》，主持人充分发挥自身评论员的优势，点评犀利风趣，体现了记者型主持人对新闻深度思考的特点。记者型主持人在媒介融合的时代不仅要能够对新闻进行分析和解读，更重要的是将这种分析与受众结合起来，在一定意义上体现出媒体作为一个公共信息交流与交锋的平台，引导舆论，引领舆论。所以主持人的评论不能自说自话，而应以高屋建瓴的眼光深入揭示其重要的社会意义与价值，充分体现记者型主持人独到的视角、理性的认识，从而在众说纷纭中提供最为清晰和有力的思想。记者型主持人对新闻的报道不能仅仅停留在对事实层面的报道上，他应该具备话题建构的能力，通过专业、理性、科学的分析和判断为受众提供值得信任的观点。与此同时，受众更愿意参与那些可以互动传播的节目，在交流与沟通中获得共鸣。所以主持人的评论是需要引起受众的思想、情感、认识上的反应的，或者说这种评论是能够直抵内心、带来头脑的激荡。对于受众来说，他们越来越需要在纷繁复杂的媒体世界中找到能够满足内心预期的内容，而能否从主持人的表达中获得有效的沟通，无疑已成为对主持人评价的重要标准之一。因此，对于记者型主持人来说，表达和互动上的双向转换必不可少，这种转换的背后其实就是以受众对主持人的认同作为支撑的。面对媒体技术交互性的变革，记者型主持人要能够适应受众信息消费习惯和趋向变化的要求，将其思想性作为引领受众、吸引受众的一把利器。在这类节目中我们往往可以看到主持人用精辟、简练的语言进行评价、分析，记者型主持人的评论不在于多，而在于精。比如 2016 年巴西里约奥运上中国女排获得冠军，全国人民都沉浸在胜利的喜悦之中，各种媒体的观点、评价不一而足，这其中《新闻 1+1》节目用一个亮眼的标题揭示了其特殊的意义，体现出白岩松对新闻的独到认识。在节目中白岩松与欧阳夏丹两位主持人切准问题的关键，从一个角度深入其理地层层分析，将喜悦后的反思、激情中的冷静恰当地传播给受众。

《新闻 1+1》是白岩松作为制片人创立的一档评论类节目，这档节目顺应了电视媒体需加强新闻评论力度和深度的需求，也是为记者型主持人量身打造的一档节目。这档节目在很短的时间内就成为央视广告商争夺的黄金节目。对于制作人兼主持人白岩松来说，参与节目的整体流程甚至运营可以最大化地体现个人的风格、实现个人的想法。但是很快他就做出了一个令人意想不到的决定，那就是不再担任该节目的制片人，做一个纯粹的主持人，这样就可以更好地投入到节目内容的主持上来。白岩松的经历给我们一个很好的启发就是：一个优秀记者型主持人是需要介入节目的全流程当中的，而内容的制作是最为核心的。记者型主持人身上所具有的采访能力、评论能力其实又是与节目内容的策划紧密结合在一起的。作为电视新闻主持人应该将策划作为自觉意识和自发行为，在节目前期的准备工作中他们应该坚持参与重点策划，好栏目离不开精心的策划、精良的系统、精干的配合。对于重大主题、重点项目，主持人应积极参与实施重点策划与部署，善于集合集体的智慧和力量打造新闻节目内容，通过周密策划，有力强化电视新闻的客观性、可信度和受众的参与度，有效增强主流媒体的舆论引导力，从而形成创新性的新闻表达方式和新闻产品形态。在策划中记者型主持人要善用新媒体，通过参与新媒体拓展与受众之间的沟通。目前，大批著名主持人都已开通了个人和节目的微博和微信。这些新媒体平台已经成为提供新闻线索、设置热点话题、反映网民意见的重要渠道。社交媒体的活跃度是进行策划的重要参考与依据。社交媒体所引发的舆论热点往往会迅速回流到传统媒体中，主持人由于有较大的社会影响力，他们对一些问题的看法、关注，在社交媒体中就会呈现出某种偏向。与此同时，受众的选择和态度、心理情绪同样会在这种交互中清晰地表现出来，这就为主持人进行节目内容的策划提供了一个思考和观察的基础，对记者型主持人策划选题、选择合适的表达方式、引导受众参与交流都有很大的帮助。

在传统的电视新闻生产条件下，记者型主持人对于节目的传播起到了举足轻重的作用，成为电视节目品牌形象打造和节目效益的可靠保障。但在媒体融合条件下，传播理念、传播主体、传播渠道、传播方式均发生了巨大的变化，在挑战记者型主持人专业能力的同时，推动了记者型主持人的角色嬗变。

第一，节目的主导者，传播角色的转换。在媒介融合的大背景下，主持人在宏观意义上其实应担任起节目主导者的角色。记者型主持人在互联网的立体传播时代，应能够以独立的思想直接面对新闻，任何一档节目的主持人都应该拥有属于自己独特的话语体系和话语风格。作为一个记者型主持人，在面对新闻事件时，深入现场观察的视角、采访对象的选择、问题的提出、对事件的理解都决定着其最终的话语呈现。当一个主持人在节目中的话语能引人深思、激发共鸣的时候，主持人和他的节目才能在如今新老节目更迭迅速的媒介环境下占据自己的一席之地。因此，主持人要做节目的主导者，把握着节目的进程和方向。

第二，主持的社会化平台再造，传播渠道的转换。对于主持人来说，要适应不同媒体形态下的话语环境，基于自己所在的节目和媒体平台，积极构建相应的话语。当今，专业视频网站和社交媒体的兴起都对电视节目的传播渠道和平台带来了巨大的影响。网络搜索使得受众在信息接收上由单向接收转为双向选择，受众拥有了更大的选择权，对不同媒体平台上主持人的表达有不同的要求，即同样的内容在不同的传播平台上要有不同的表达方式。一方面，记者型主持人从专业化到社会化的转变体现在主持人具体的话语内容上；另一方面，则体现为节目整体的话语建构和风格定位上。社会化的传播渠道和平台带来的是信息传播的分众化，作为记者型主持人，要能够把握不同层次受众对节目话语的需求，以多元的视角和思维方式，为受众提供多元化的主持传播。

第三，用户参与互动，传播方式的转换。这一转换要求记者型主持人具备更强的交流互动能力。交流是一种态度，是主持工作的基础，在新的媒介环境下，这种能力显得更为重要。在主持人主导节目的时代，依靠的是主持人自身强大的专业能力和个性风格，但是在融媒时代下，节目的传播方式发生了极大的改变，最显著的特点是用户开始参与节目的传播，用户通过新闻内容阅读、新闻的评论、新闻转发等媒介行为，成为新闻节目的共同生产者，主持人就需要能够营造一个与观众互动的场景，因此，对于记者型主持人来说，表达和互动上的双向转换必不可少。

第三节　媒介融合时代电视新闻节目的创新

对于中国电视的发展来说，创新始终是一个不竭的话题。在中国传媒格局中，电视从一个相对弱势的媒体发展成为当下最主流的媒体，本身也是创新的结果。事实上，电视媒体的创新同样是一个复杂的命题，它需要在媒介体制中寻找发展的机遇，需要在商品化的历史语境中完成蜕变的使命，需要在新闻的自身逻辑中找准定位，也需要在媒介技术的变革中不断自我突破。电视的创新始终需要面对来自政治、商业、专业、技术等几个方面的制约和压力，并以此作为行动的逻辑从而保持持续发展的活力。

面对一个日益活跃的传媒社会的到来，人们对于媒体内容的要求多元而且变化迅速，这也直接导致了激烈的市场竞争。在媒介内容市场的博弈中，创意就成为最为关键的因素。电视节目作为电视内容生产的基本单位，既是媒介内容的具体载体，又具有本身的自我形式，因此，对于电视的发展来说，它的创新始终是与电视节目紧密相关的。而电视节目的创新又承载了电视节目内容的创新，使两者可以在形式和内容上找到相互匹配的方式。从这一层面来看，创新可以被视为电视生存发展最为基本的手段和存在方式，而创新也成为电视业一个极为普遍的现象。

对于电视来说，创新往往涉及到电视事业的各个方面，它包括电视节目的制作、电视节目的形式、传播方式以及内容等诸多内容，是一个系统化工程。"影响电视节目创新的动力因素虽然多元而复杂，却是有机与有序的系统构成：有机是动力系统构成的功能性，有序是动力要素组合的合理性。互相依存的有机构成，互相作用的有序运转，内部与外部、宏观与微观，构成了电视节目创新的动力系统。"①

---

① 杨乘虎：《电视节目创新的本质探寻——中国电视节目创新问题研究之四》，《现代传播》2012 年第 7 期。

在这种结构化、团队化的活动中往往最能够体现组织化内容生产的商业特性、精英化取向。从表达方式上来看，在电视创新中商业化逻辑的制导性表现得尤为突出，娱乐化成为转化商业诉求的最典型标签。一大批创新节目出现在电视荧屏上，它们以打破传统节目理念为出发点，在节目形态上引进和借鉴国际电视节目模式，逐渐融入新媒体传播渠道的力量，在这其中最为引人注目的是综艺类节目。这些节目在较短的时间之内一跃成为电视节目的主阵地，成为引领当下中国文化生态、文化审美趣味的主导者，同时也成为现象级的节目，具有极强的市场号召力和话语权。与之相比，电视新闻节目的创新和影响明显滞后，在新媒体技术的夹击之下观众逐渐疏离电视媒体，观众老龄化现象明显，舆论生成的媒介空间出现转向，电视媒体江湖地位的下降也使一度以媒体老大自居的电视看到了重重危机。其实在电视媒体对自身发展倍感焦虑的背后，映射出的是电视在新的时代下对自我价值和社会功能实现如何选择、将向何处去的焦虑。

从创新的角度来看，它本身也表现在不同的层面。近年来，一大批引爆观众口碑和注意力的节目，给观众首先带来了全新的感官快感和别样的审美体验。观众往往可以在这些节目中获得全然不同的娱乐方式，体验到新颖的娱乐快感，虽然这些都是作用于感官性的、表层化的。这种创新主要是基于节目和内容的外在形式和模式上的，如通过对节目的构成要素、节目的结构和编排等表达方式、表现手段的创新开拓电视节目的广度与范围，对特定受众的娱乐需求作出恰当的回应，所以它对观众的影响和吸引也大都侧重于官能性，对于大部分引进综艺节目来说其创新的角度主要是从这个层面表现出来的。此外，创新不仅仅局限于这一层面，它的最大价值除了可以用商业利益衡量之外，还有更为深层次的影响力，那就是对于思想上的创新和引领，具有意识形态的属性。电视节目不仅是文化的载体，同时也是文化本身。它所彰显的文化价值和社会功能都是直指当下文化生态，直面受众内心的，所以不论是电视中哪一类型的节目都具有这样的社会价值和社会功能，而优秀的文化作品无疑都体现出对时代最深沉的情怀，它不仅是对当下生活的回应，还蕴含着精神上的超越，这种引领性、前瞻性和思想性又绝非从商业利益层面就可以作出简单判断。特别是对于电视新闻节目来说，这种思想性、启蒙性的意义就更为明显，从新闻的本质上来讲，它所承载的社会意义往往大于它的娱乐价值。从这个层面来看，电视的创新又是建立在思想理念上的，强调的是内容的创新。在媒介技术融合发展的时代路径中，首先使传统媒体陷入困境的是传播方式，然而当我们能够在不断整合技术的融合视野下走向新的传播形态时，下一个风口无疑将重新回到内容建设上来。传媒行业的运行逻辑中，"内容为王"一直是最为核心的理念，但是它曾遭到媒介技术的挑战而受到众多的质疑，随着传统媒体全力投入到媒介技术的融合发展中，新媒体的光环在逐渐被常态化的受众使用中所接纳和自然消失，这时对新闻内容的要求就会重新回到我们的视野当中，甚至成为最为核心的诉求。这就需要我们的新闻从业人员必须具备深厚的文化底蕴、高度的社会情怀、明确的价值坚守、卓越的文化视野、清醒的文化认识以及胆识和智慧，在各种文化思潮和商业利益的左右中，构建当代中国文化的主体性表达。

世界著名经济学家熊彼特（Joseph Alois）在《经济发展理论》中将创新定义为"新的生产函数的建立"，即"企业家对生产要素的重新组合"。从这个角度来看，电视节目的创新就是传媒机构在特定的产业环境中出于对目标成长绩效的追求而在核心能力的基础上创造新的电视节目，或对现有电视节目实施改进的行为过程。近年来，面对新媒体的不断挑战以及媒介融合的技术取向，在实践中电视节目的创新着实令媒体人感到艰难。一些电视人深感其中的不易，他们认为在整个创新的过程中是对自我的一次深刻革新，最为困难的就是要将原有的一整套电视节目运作的传统理念和方法全部打破，而且要生产出符合媒体融合技术路线下的电视节目模式，这其中也包含了电视人对自我职业身份、职业理念的重构。创新本身又是有风险性的，也使其具有较高的难度，然而这种深度的变革也赋予了电视节目创新特殊的意义。

一　电视新闻节目创新的媒介技术维度

"电视生产与传播的技术具有介质与形态不可分离的同一性"[①]，电视节目的创新总是伴随着技术的创新而不断更迭。当前，在所有的影响电视节目变革的决定性力量中，媒介融合已成为最强势的话语。因为从深层次来看，媒介融合已经不再是单纯的技术力量，而是上升为一种具有政治导向性的革新力量。它从一定层面体现出作为内容生产的意识形态的主导话语权。所以技术不仅影响了电视节目内容与传播载体的演进与优化，而且会从理念层面决定电视节目创新的走向，培育出新的节目模式，进而促进电视内容生产机制和文化生态的革新。

当前在媒介技术的偏向上表现得最为鲜明的无疑就是信息传播的移动化。中国互联网络信息中心第 38 次《中国互联网络发展状况统计报告》显示，截至 2016 年 6 月，我国网民规模达 7.10 亿，网民使用手机上网的比例达 92.5%，通过台式电脑和笔记本电脑接入互联网的比例分别为 64.6% 和 38.5%；平板电脑上网使用率为 30.6%；电视上网使用率为 21.1%。然而尼尔森在《贪婪的视频观众》中指出，观众从未关掉"电视"，而是转向那些可以让他们随时随地获取喜爱节目的新技术和新设备。应当说，传统电视观众的疏离并不意味着收视需求的下降，网络视频、手机电视等新的传播形态正在不断分化传统电视的注意力资源，受众的"碎化"必然导致品牌、消费和市场的碎化，电视的传播格局正在由单一媒体垄断发展为多种媒体并行。[②]从这一层面来看，媒介技术对电视节目创新的主要影响体现在以下几个方面：

第一，接收信息的移动性，信息的碎片化、分散化和圈子化特征明显。移动媒体逐渐成为受众获取信息、分享信息的主要方式，新闻

---

① 杨乘虎：《电视节目创新的动力及其要素研究》，《现代传播》2012 年第 7 期。

② 王虎：《媒体社交化语境下的社会资本扩张与传统电视变革》，《新闻记者》2014 年第 6 期。

信息传播的时空固态模式被打破。在电视内容的生产中，电视内容以节目为基本结构单元，栏目往往在固定的时间以相对稳定的样态播出，在相对一致的编辑思想下将这些节目根据时间线索进行安排，以此固定出一种电视内容与受众间特殊的"约会机制"；在特定的时间收看固定的节目就成为电视新闻信息传播的原生状态，但是不论对受众还是电视机构来说，这种安排中最为重要的价值就是"时间"，因此在媒体竞争的一些重点中，电视媒体新闻传播最终赢得认可就在于它可以将新闻与新闻传播的时间同步化，而体现在节目的价值上往往就直接从播出的时间上反映出来。所以，时间对于电视来说可以视为最核心的主导性资源，在电视节目的创新中对时间资源的开发和利用始终是一个重要的着力点。反观之，对于电视来说，这个最重要资源又是它在新闻信息传播上的技术弱点，这种固定的时间对于受众来说意味着信息接收的不可重复性，一旦我们错过了收看时间，很难再有机会获得信息，线性时间的唯一性和排它性在新媒体时代遇到了最严重的挑战。在各种制播技术的不断推动下，中国电视逐步获得了在传统传播环境下"第一媒介"的地位，得益于电视从内容和播出两个维度对"时间"资源进行的深入挖掘。"基于线性传播逻辑的'黄金时段'收视在新媒体传播模式的冲击下不断式微，时间的'线性'迅速让位于空间的'非线性'传播①。"随着网络赋予的随时随地选择性收看模式的普及，客厅式的约会收看模式被移动场景所取代，电视传播的线性时间价值被大大削弱，特别是传统电视节目制作中的"黄金时段"理念，在移动直播方式的挑战下走向"空心化"②。作为传统媒介内容生产的主流模式，电视在相当长时间内把持着垄断性的渠道资源，这些因素与电视的线性播出特性相结合，事实上在新媒体环境下已经严重制约了电视产品传播价值的充分发挥。而新媒体技术的发展逐渐打破这一相对封闭的传播模式，各类渠道资源的角逐不断满足

---

① 周勇、何天平、刘柏煊：《由"时间"向"空间"的转向：技术视野下中国电视传播逻辑的嬗变》，《国际新闻界》2016 年第 11 期。

② 同上。

受众个性化需求，新闻信息的"多次传播"成为可能，原本单一的传播"线"联结成"网"，这些都要求电视传播必须在广度和深度上得到更大的延伸。2017年两会期间中国国际电视台在大屏幕上引入两会H5产品的数据源及社交平台评论，主持人及嘉宾在线回答网友提问，吸引海外观众参与度。《民声与民意》创新推出两会专题板块"一分钟看两会"和"杨锐朋友圈"，通过动画设计模拟微信群聊的形式，将客户端的群聊界面鲜活逼真地呈现在电视屏幕上。事实上，新媒体技术所带来的革新为新闻内容生产的空间意义创造了更丰富的内涵。新媒体的传播模式本身就是一个多维立体的格局，它在融合了传统媒体内容生产的样式下，又生成了新的独特性，"瓦解了传统电视以时序为核心的内容组合方式，使内容的呈现由固化走向离散"[①]，技术驱动下营造出的复杂场景带来空间资源的倍增，因而受众在新媒体环境下获得更充分的内容选择空间，电视新闻内容生产的重心也逐渐向空间的多维度介入积极拓展。这种电视新闻节目的后台生产向受众有条件地开放，通过空间意义再造使电视传播的核心不再依赖"时间"这一中介，而在于受众在"时间"和"空间"中的意义生成，即受众的主动选择。由此，日渐碎片化的时间不再是电视新闻生产的主体要素，在内容生产上价值生成的重心移向了空间上的再组合。当前趋向于数字化、网络化的素材采集方式，使电视新闻生产空间的多维建构依赖于传播路径的多元化，这也是电视新闻节目空间开拓的重要基础。

第二，新媒体环境不仅改变了原有电视新闻的组织形式，也将进一步作用于电视新闻与受众间关系的重构上，受众从接收新闻的角度来看，获得了"体验"的机会与条件，"新闻体验方式的变化"超越了简单的"看"新闻，而使受众可以"进入"到事件的空间，甚至在一定程度上成为"当事人"；从新闻生产的角度来看，受众又可以通过网络空间介入到新闻生产的过程中，也使电视原本系统内部"拍

---

① 周勇、何天平、刘柏煊：《由"时间"向"空间"的转向：技术视野下中国电视传播逻辑的嬗变》，《国际新闻界》2016年第11期。

摄—制作—产出"的价值链生成方式，逐步暴露出内容生产方式的局限性。原本作为接收内容的受众进一步参与到电视内容之中，甚至成为能够采集、发布和传播内容的独立主体。可以看到，如今在电视新闻中频繁使用受众现场拍摄的视频，随着电视画面资料获取的门槛逐步放低，电视画面的"采制"也向"采纳"扩展，这一现象在电视机构内已被逐渐接纳。电视内容的供给与电视行业原有的供给关系被打破，在技术条件的催化下呈现出更加流动的空间格局。当越来越多的人浸润在网络媒体的信息传播空间中，受众对于新闻的认识也会逐渐走向网络化，这种交互式、仿真式、个人化、大数据化的生产方式重构了新闻及新闻节目的内涵。与此同时，深度往复交互式的用户互动也为电视新闻节目的内容和形式创新提供了可能。传统的电视新闻生产在逐渐表现出解放性力量的新兴受众面前，其权威色彩正在减退，因此在媒体融合时代，如何激活个人的参与度，如何勾连和协调个人、群体、圈子中用户间乃至最终节目与用户之间的互动、利用和开发就显得至关重要。

　　第三，网络视频新闻对传统电视新闻在内容上形成的巨大冲击。网络视频新闻代表着未来的发展方向已经是业界的共识。一方面，传统电视媒体几乎都建立了网络传播平台，大型门户网站也都有视频频道，另一方面又出现了一大批以视频传播为主要服务内容的商业网站，加上微博与社交网站中视频内容的传播，视频新闻已经在互联网上全面"开花"。中国互联网络信息中心（CNNIC）《第36次中国互联网络发展状况统计报告》显示，截至2015年6月，中国网络视频用户规模达4.61亿；腾讯企鹅智酷2015年2月发布的《网络视频消费报告》显示，有33.5%的网络视频用户将视频新闻列为自己平时最喜欢看的视频题材之一。视频已经逐渐成为人们获取新闻最主要的载体形式。"路透研究院发布了《网络视频新闻的未来——2016数字新闻分报告》，对网络视频新闻的现状与未来进行了剖析。报告着重调查分析了26个国家受众对于网络新闻视频的各项使用数据，对欧洲和北美30家媒体的网络视频新闻产品进行了调研，并对相关人士进行了重点访谈。报告的一大发现是，相比文字新闻，网络视频新闻在现阶段并不占优。但其出现、发展与增长代表着未来的发展方向，是所有媒体都不甘错过的发展机遇，也是不容置疑的事实。以重大突发事件为契机；通过离线视频实现长尾效应；主打短视频、软新闻；注重不同终端平台的内容原创等，成为一家媒体涉足网络视频新闻领域所必须重点关注的机会点。"①

二　电视新闻节目创新的策略与发展趋势

在媒介融合发展的时代背景下，传统电视机构都通过建立移动客户端、全媒体编辑中心实现传播的立体化、网络化和数字化。新媒体渠道的打通为电视节目的创新开拓了更为宽广的表达空间，提供了全新的创作理念，电视节目借助于新媒体技术的力量可以将多种媒介元素进行融合，在题材、体裁、视听语言、艺术形态、节目模式、传播方式上创新电视节目的表达形式，激活电视新闻节目自身的发展潜力。从媒介融合的角度来看，电视节目的创新又是从这四个层面展开来的：一是新闻素材及相关信息获取的融合；二是新闻信息生产的融合，包括专业生产和用户生产的有机融合、不同媒介生产方式的融合、相关新闻内容生产的融合等；三是新闻信息传播的融合；四是整个新闻信息采集、生产、传播和消费过程的融合。

1. 构建整合扩散传播的全媒体平台

电视新闻节目是呈现媒介融合的基础环节，在电视节目中，从内容的生产、节目的编排、视听语言的表达等多个层面都可以将所有的资源调动起来。而且作为传统优势媒体，它在整合信息方面所具有的人才优势、话语优势仍在不断释放能量。在基于多屏和用户消费习惯的新闻内容的立体化开发和整合传播过程中，这种优势得到了进一步的深化。电视新闻节目无疑应该成为新闻素材和相关信息集中和扩散的全媒体平台中的单元。电视新闻节目通过对不同渠道信息的整合与处理，抓住平台的重要和有效的链接点，建立信息搜集、生产和发布的集散平台或机制，全面、准确和专业地获取和选择新闻话题，形成

---

① 《路透研究院发布〈网路视频新闻的未来〉》，《中国记者》2016 年第 8 期。

新的传播节点，使电视机构有效地嵌入传媒网状结构中。当前，全媒体的运行思维，为电视节目在内容上的创新提供了新的信息渠道，在电视节目中运用网络上的新闻线索和资讯信息形成话题，将网络上全球各地有价值的信息展现在荧屏上，同时通过微信号鼓励受众提供内容参与互动；美国有线电视网 NBC、CNN、ABC 等专门设立了 Twitter 记者，及时掌握 Twitter 上发布的新闻动态，作为电视台下一步调度新闻的重要参考。

2013 年，英国老牌广播公司 BBC 提出了"移动为先"的发展战略，节目的生产和传播首先考虑移动平台的需要。在这一理念指引下，该公司的广播和电视双栖节目《世界听你说》全面拥抱社交媒体，从节目开始前话题的确立、嘉宾的选择，节目直播时与用户的互动，到播出后基于用户评论的节目评估，均通过社交媒体进行。该节目中，传统的主持人转变为主持、导播、网友代言人等多重角色为一体。最近的调查表明，BBC 在社交媒体中的用户影响度和新闻转发度均名列国际媒体的榜首，其信息在社交媒体中的存活度也最高。BBC的转型，在于传统的电视媒体实现了与社交网络的生产融合，电视利用社交媒体的场域进行节目生产，进而将节目内容与社交媒体共享；社交媒体则用自己的场域打通了与电视媒体的互动通道，将后者纳入自身的传播平台。在电视媒体新的生产模式中，关系网络是重要的基础设施，应当成为电视进行社会化生产、集聚受众资源的重要引擎，成为节目内容的重要入口。

2. 电视新闻节目创新中有效汇聚多种媒体艺术

电视新闻节目的外在形态也是整个创新中最重要的一个环节。受众在接受信息的过程中最先接触到的就是节目的形式，这些外在的表达方式在给受众带来感官和心理上的新奇的同时，提供了新的报道视角和新闻理念，从而满足受众对于新闻信息的全方位需求。新闻信息的表达方式包括文字、图像、视频、音频等，一方面节目创新可以将不同的艺术表现形式进行汇聚和交叉，在借鉴和融合的基础之上进行创新，另一方面还可以将新媒介技术引入到节目内容的创新中，以全新的表达方式给观众一种新的视觉和听觉的强势刺激，形成良好的体

140

验，有效地弥补了注意力的稀缺对传播效果造成的不良影响。在当下的节目创新中，我们可以看到电视新闻节目借鉴了纪录片、电影等艺术表现手法，极大地拓展了新闻节目的表现空间。这些艺术表现手段从表现形式到叙述视角都为节目创新带来新的创意。如中央电视台"走基层"节目，采用纪录片的创作手法，用跟踪式、记录式、长镜头、章回体、讲故事的方式呈现。从叙述语言、镜头语言、故事结构和线索都融合了纪录片的创作手法。四五分钟的长镜头，连续五六集甚至十多天连续跟踪播出一个故事，把人物的困惑、生存状态、命运、事件走向作为新闻叙事的主题，在叙述中呈现新闻性、时效性，围绕这些人物命运的演变展开报道，让受众感同身受。

当前电视节目创新的另一切入点就是新媒介技术的表达方式，在以用户为中心的媒体融合环境中，"浸入式"表达给用户带来了全新的视听感觉，一些新闻节目中开始使用 VR 技术。由于 360 度全景视频要求画面有足够的景深才能包括较大的信息量，否则无法使观众获得身临其境的参与式反应，因此，记者会选取那些具有丰富视觉元素的新闻进行拍摄。此外，为提高 360 度全景视频画面的稳定性，在实际的操作中，绝大多数 VR 新闻采用"固定机位+长镜头"的拍摄策略。丰富的画面语言，稳定的画面效果大大提升了这类新闻节目的新颖性。

"多屏"策略也是电视节目创新的重要手段，包括电脑屏、手机屏、Pad 屏、智能电视屏、户外电视屏等，媒介融合让渠道变得丰富的同时，也对电视新闻节目的开发和运营提供了更丰富的创新可能性。尽管现在许多电视媒体已进行了广泛的渠道布局，但多屏运作的独立性依然较为明显，多屏生产、分发和传播带来的往往不是传播效果的叠加，而是新闻信息的碎片化、分散化、重复化。多屏策略的重点就在于，通过在不同的时间、不同的终端，把握受众不同的新闻消费心理和消费方式，吸引受众介入和参与到新闻节目的传播过程中，受众由于可以在收看电视新闻直播的同时，还可以在手机屏或 Pad 屏刷微博、看脸书、用推特，并且在不同终端之间随时切换，就使得电视节目无论是传播还是内容上都形成立体化、多元化、动态化、交互式的状态。电视节目运用多种终端和平台不同的表达方式，使用户在大众传播、人际传播、群体传播、组织传播、人内传播等多重传播方式相互交织的情况下完成新闻信息传播的互补性和交叉性。在电视节目创新中不可忽视的是受众对于各种媒体都有着非常明确的使用需求，作为传统媒体的电视，其在新闻信息的传播上也具有其他媒体新闻不可替代的作用。电视新闻节目的创新还需要根据多屏各自的特点和用户群的特性、消费行为，对同一主题、相关主题乃至不同主题的新闻内容进行立体化开发、生产，依托信息集散的全媒体平台进行整合传播，一体化运营。

3. 创新新闻理念，体现价值导向

新闻节目最鲜明的特点就是它与社会之间的利害关系，所以对于新闻来说它所体现的价值观是具有导向性的。这其中既有社会主流价值对现实的观照，又有新闻自身理念的向度。因此电视新闻节目所承载的价值观就成为创新的重要角度。当年《东方时空》以平民的视角关注百姓的日常，让新闻走下政治的神坛，引起了社会巨大的反响就是很好的案例。所以在电视新闻节目的创新中，理念的创新仍然是最为重要的一点。完善深度报道的节目样态，用更大的力度和更多的篇幅去做"新闻背后的新闻"，成为当时央视评论部在探索新闻改革中的关键实践。正是在这样的背景下，时任央视台长的杨伟光明确提出了对"深度的新闻评论性节目"的需求："作为一个国家电视台，光有一般的新闻节目是不行的，必须有一个更深层次的剖析社会问题的节目，要有像美国《新闻60分钟》这样的节目，这样才算改革得差不多了。"[1] 近年来以创新性思维突出个性特征的新闻节目是省级卫视的另一种新闻尝试，深圳卫视的《直播港澳台》便是其中的代表，该节目打破了以往纯粹港澳台地区的新闻播报，凭借国际热点事件、军事话题，密集的两岸三地连线、嘉宾快评，带动节目的节奏线与观众的情绪线，凸显节目的个性色彩。这类尝试从收视增长、社会反应及

---

① 常江：《中国语境下的电视新闻调查性报道：基于对〈新闻调查〉（1996——2006）的个案考察》，《国际新闻界》2016 年第 3 期。

同类节目的模仿跟进上看都显示了较大的影响。与此同时，国际新闻也已迅速被多家电视台纳入新节目开发日程。以此为创新的着力点，各地方媒体又以本地特色和所长开发全新的电视新闻节目，使得原本落后于央视的地方新闻节目也显现出勃勃生机。

近年来，电视节目创新的路径中以技术为支撑仍是一种主流趋势，传统节目通过两微一端（微博、微信、客户端）的渠道建设开辟多元化的传播平台，同时融入网络化思维整合新闻资源，使新闻节目的样态更具有吸引力。这种创新无论从新闻理念到新闻形态，还是电视节目本身都有着时代的深深烙印。对于电视媒体来说，这种创新中又传承着作为机构新闻生产的本质特征，在创新与坚守中探索着新闻的更多可能。

第五章

走向变革的电视新闻与电视新闻节目

在这个急速变革的时代，不论是电视还是新闻都正承受着深刻的转型之痛。电视制作的基本逻辑和新闻传统的专业理念在极短的时间内遭到挑战，随之而来的是受众的流失、广告的流失、人才的流失以及话语权的流失。目前，电视观众整体上正在加速流失，从观看设备到"家装设备"的退化和连续多年甚嚣尘上的"电视平均到达率不断下跌""开机率不断下降""电视成为中老年的选择"的言论，时常令电视人心惊。值得庆幸的是，智能电视的出现把观众拉回了电视机前。2015年因智能交互概念的提出，客厅这一入口的吸引力持续飙升，被看作是中国彩电行业的分水岭。根据奥维云网（AVC）相关统计数据显示，中国已成为智能电视第一大消费市场，出货量占全球总出货量的39.8%。在用户层面，日均电视机开机率达56%，用户日均使用时长4.9小时，智能电视已经成为最主要的娱乐方式之一。奥维云网的消费者调研数据显示，在购买智能电视前，有52%的用户以电视为主要观看设备，在购买智能电视以后，这一比例上升到87%。也就是说，智能电视的出现，将35%的用户从PC、移动设备拉回到了客厅。预计2017年中国将有2亿家庭拥有互联网电视，用户数将超过6亿。但这些数据并非我们转悲为喜的理由，有两点现实仍需我们警醒：

一是电视新闻并非电视节目的主力。在2017年上半年所有卫视频道中，电视剧播出比重最多、播放率也最高，占据1/3的播出比重。其次是专题、青少、新闻、生活服务和综艺，由此看来，电视新闻的播出量有限，这意味着中国电视新闻面临被挤压的空间。二是新媒体平台用户规模不断增长，对电视用户继续形成巨大分割。根据中国互联网络信息中心（CNNIC）2017 年 8 月发布的第 40 次《中国互联网络发展状况统计报告》，截至 2017 年 6 月，中国网络视频用户规模达 5.65 亿，较 2016 年底增加 2026 万人，增长率为 3.7%；网络视频用户使用率为 75.2%，较 2016 年底提升 0.7 个百分点。其中，手机视频用户规模为 5.25 亿，与 2016 年底相比增长 2536 万人，增长率为 5.1%；手机网络视频使用率为 72.6%，相比 2016 年底增长 0.7 个百分点。毋庸置疑，受众的流失也就意味着市场的失守。在一个高度商业化的媒介环境中，商业价值与话语权相辅相成，较高的商业价值意味着更多市场关注度，由此产生相应的话语权。媒体的地位往往是由它的商业价值来决定的，在一定程度上媒体承受着巨大的市场压力。因此电视媒体必然通过各种方式不断向利益最大化靠拢，以此获得更大的生存空间。对于电视来说，无法回避的事实是，受众在使用偏好上的转移带动了商业价值的转移，最终导致了话语权的转移。在媒介技术迅猛发展、媒介格局深刻变革的语境下，这种话语权的流失就显得更为明显。

第一节　新媒体对中国电视新闻话语
空间与话语权的重构

　　伴随着新媒体舆论引导能力的不断提升，传统媒体在话语空间和话语权上的优势逐渐式微。这种商业利益对新闻专业水准的挤压本身就已造成了新闻话语空间的缩小。加之技术力量的牵动，让原本还有优越感的电视也深感内在的紧迫与急促，甚至电视在新闻传播的格局中面对突然崛起的新媒体表现出短暂的迷茫与失措。对于当下的传播模式来说，电视新闻与电视新闻节目无疑都面临着边缘化的可能性，这也从另一个角度进一步加深了我们对于媒体判断的认识——所谓的主流媒体或非主流媒体，并不是由媒体的自我认定决定的，在这个流动的秩序中，受众的选择才是最为关键的因素。

　　电视新闻话语空间的压缩和话语权的流失，从新闻传播格局上来看是结构性的；从文化的角度上审视也可以说是受到他者文化的入侵；从媒体内容上来判断又表现出传播逻辑的滞后。如此种种，又是在政治、经济和技术等多重力量的制衡和斗争中形成的结果。

事实上，审视当下的中国电视新闻不难发现，话语空间与话语权的流失主要表现在两个方面，其一是丧失了作为公共空间的优势；其二是议程设置功能的式微。

一　新媒体对中国电视公共空间的挑战

1. 中国语境下构建公共领域的可能性

公共领域的概念最早是由汉娜·阿伦特在《人类条件》中提出的，哈贝马斯（Jurgen Habermas）在其著作《公共领域的结构转型》中对这一个概念进行了发展性研究。一般来说，公共领域是指一种观念上的"空间"，这种空间为公共辩论提供一种或多或少的自主与开放的"竞技场"或公共论坛。哈贝马斯认为历史上公共领域或者空间的最初形式主要是 18 世纪的咖啡馆或辩论协会，它们通过有影响的民意形成来检视政府的作为，沟通的主要方式是直接的私人交谈、公开的聚会和小规模的印刷媒介。这种"空间"处在社会的"基层"和"顶层"之间，能够调节两者之间的关系。"基层"还可以被视为公民个人生活的私有领域，而位居中间或顶层的政治制度则是公共生活的一部分。

哈贝马斯认为公共领域的前提有三：一是尽可能对众多人开放的论坛空间，公民可以在其间表达和交流多种多样的社会经验。二是在公共领域中，各种论点和意见可以通过理性的讨论来展开交锋。这意味着，只有在公共领域对于一个人可能做出的各种选择方案有明察的情况下，"理性的"政治选择才有可能。与此同时，传媒应该提供尽可能宽广的解释框架，以便该公民也能够知晓他没有选择的方案是什么。三是公众领域的首要任务即系统、批判性地检验政府的政策。公共领域是政治国家与社会组织之间、公共权力领域与私人领域之间的中间地带，是公众参与公共事务、对公共事务进行讨论和批判，并对政治国家与社会组织之间的关系进行协调的公共空间。[①] 所以，公共领域最核心的含义是，它是独立于国家政治权力并介于国家与社会之间的公共交往和公众舆论，它既监督制约国家政治权力，同时又为政治权威提供合法性基础。

尽管公共领域理论带有鲜明的西方色彩，是基于西方预设的历史逻辑和学术立场。但是近年来，该理论还是被国内理论界所接纳，正如西方学者所认识到的，在成熟的资本主义体系下，公共领域的观念已经被发现是有存在价值的。对于当下中国社会来说，不论是从新闻传播本身还是从现代社会发展的角度，这一理论具有一定的启发意义。

在中国是否存在过公共领域这一问题上，学术界有着两种看似尖锐对立的观点，但实则在价值指向上又是一致的，即都不否认公共领域话语的中国意义。从外部条件来判断，公共领域的基础是市民社会，那么在中国有市民社会吗？著名学者邓正来曾就"构建中国的市民社会"进行过深入的研究，并提出了一些颇有见地的观点。他认为，市民社会并没有固定的模式，是一种具体的、历史的社会现象，亦即具有特殊性；另一方面，又具有共同性，"如以市场经济为基础，以契约性关系为中轴，以尊重和保护社会成员的基本权利为前提等等"。邓正来根据中国的历史背景和当下现实，提出了"中国市民社会"概念——"乃是指社会成员按照契约性规则，以自愿为前提和以自治为基础进行经济活动、社会活动的私域，以及进行议政参政的非官方领域"[②]。而所谓"非官方领域"是指"在国家政治以外市民社会能对国家立法及决策产生影响的各种活动空间"，"例如，在电视、广播、报纸、刊物、书籍等传媒中表现意见和观点，在沙龙、讨论会和集会中零散地面对面交换意见等等"[③]，"它不是由国家或政府来阐

① 熊光清：《中国网络公共领域的兴起、特征与前景》，《教学与研究》2011年第1期。

② 张忠：《网络空间作为一种公共领域的可能性分析》，《中国邮电大学学报》（社会科学版）2014年第5期。

③ 同上。

释的，但对它们的活动产生影响"。① 不言而喻，这里的"非官方领域"指的就是"公共领域"，它是市民社会的组成部分。邓正来早在20世纪90年代初期，就通过对中国社会的分析认为，"随着国家逐渐退出经济领域和社会生活领域、市场经济的繁荣、契约性关系在一些领域中的确立、市民社会力量的壮大和合法化等等，中国市民社会的雏形开始浮现，通过法律和政策的制定，中国社会与国家的二元性分化亦日趋成熟"。② 但他也谨慎地指出，中国市民社会的建构将是一个长期、艰巨的过程，"从国家———市民社会二元结构的形成，到二者之间发挥积极的良性互动功能都不是一蹴而就的"。③

2. 作为公共空间的中国电视及其想象

在中国新闻改革的语境下，电视媒体能够担负公共空间的作为和可能曾被社会寄予过非常巨大的期望。在实践层面，中国电视媒体在既有的改革路径中又找到了整合和对接各种社会力量的新的话语空间，也为其专业层面的创新找到了新的理论依据。这样就使得中国电视在公共事件的表达中得以确立相对清晰的专业立场，并以专业价值和品质形成媒体的公信力，进而对社会发展形成一种重要的影响力。

20世纪90年代，以中央电视台的《焦点访谈》和《新闻调查》等为代表的一批电视新闻节目，其作用已远远超出了媒体的意义，电视被视作一种重要的社会管理力量介入到社会生活的多个层面。与此同时，对于不同身份的主体来说，又都能够在这种公共话语中找到符合自身利益的对接点。这种社会效果一方面进一步激发出电视新闻从业者改革的内生动力，他们将电视作为公共空间的认同与专业价值的追求结合在一起，推动了电视的成长；另一方面，这种公共空间的话语表达方式，从外部来看也获得了社会对电视媒体社会公共价值的一致性认可，也使电视媒体获得了平衡自身商业化的有效资源。

---

① 张忠：《网络空间作为一种公共领域的可能性分析》，《中国邮电大学学报》（社会科学版）2014年第5期。

② 同上。

③ 同上。

3. 电视作为公共空间的转场

大众传媒作为公共信息交流的平台，尤其是电视媒体因其技术上曾经所具有的传播优势，成为受众展开对公共事务讨论、分析、发言的重要场地，这种与公共领域之间本质上的联系也激发出媒体强大的生命力。电视媒体通过对新闻的报道、分析、解读、调查，成为聚集社会讨论、提供多元思想和意见的重要平台，在新闻节目的内容与形式上的不断创新强化与受众交流的开放性与多元化。更为重要的是，新闻本身所具有的公共性在很大程度上使电视媒体的公共价值获得了提升和普遍的认可。"公共话语"一段时间内成为中国电视发展的重要增长点，它使电视改革获得了合法性认可，也成为与政治诉求保持相对一致的关键纽带。它让我们看到了"大众传媒公共领域"可以形成一股独立的力量，形成政府、社会、公民三者间的互动，它在调节国家发展、社会公共生活和公民个人利益三者关系中起到重要的作用和力量。① 同时，从电视媒介自身发展来说，"公共领域"这一概念还成为其向现代传播模式转型的重要理论依据。"在市场和政治的博弈中，中国电视的角色开始从单纯的政治和商业性质中分化出来，既是政治治理结构的一部分，又承担了国家与社会'中间领域'的角色。这就是说，是媒介生存环境的巨变要求新闻传播在理念和方式方法上应有质的飞跃。从中国电视的生存和发展来说，正是市场成为中国电视传媒具有'公共领域'特征的根本动力。"②

在中国具体的政治语境中，电视这种"公共空间"体现出这样一些基本内涵：首先，它是基于我国政治框架下的探索，其行动范畴是在既有新闻体制之下的。公共领域要求新闻媒介最大限度地公开、开放，并不意味着我们的电视媒体在新闻传播中对信息完全失控；其次，"公共空间"本质上的开放性又为电视新闻获得相对宽松、开放的话语环境提供了可能；最后，电视作为公共空间的最终指向仍是为

---

① 任金州、卞清：《增强公共性和服务性　进一步开放"公共话语空间"——中国电视新闻改革的"公共领域"建设构想》，《现代传播》2006 年第 1 期。

② 同上。

创造政府和公众的对话语境，树立政府公开透明的形象、塑造民主政治环境而服务。在这样的时代背景下，电视的确成为当代社会最具影响力的公共空间。但是，电视媒体的传播特性和它的意识形态属性在本质上决定了其开放的有限性，所以一旦有其他更强劲力量的介入，这种公共性就会不自觉地被弱化。

中国电视在商业化与技术化的推动与作用下为自身社会身份的确立赢得了一定程度的公共话语空间，同时作为一种消解过度商业化的推手，这种公共性也作为一种平衡的力量具有较强的合法性，可以被受众广泛地认可和接受。但是随着媒介技术不断释放构建新型话语空间的潜力，或者说新媒介的"媒介赋权"创造了建立新的公共空间的机遇，电视作为公共空间的优势就被取代。与此同时，在商业竞争的巨大压力下，电视媒体机构在制度化约束与经营效益之间又需要以另一种平衡确保整体的运行，尤其是在商业价值为主导的运行逻辑下，短期、快速的既得利益无疑是最受追捧的。显然，公共空间所提供的媒介资源不属于此列，特别是受到新闻专业主义价值观的影响，它必然与纯粹的商业利益会有矛盾之处。基于这样的利益基础，电视在一定程度上就将原有的话语空间逐渐让渡给了新媒体。商业化使其支离破碎，而媒体技术的进步则将公共话语空间抢夺过来。有学者认为，在有线电视之后，公共领域就出现了结构型转型，公共领域所应具有的批判理性被娱乐所淹没，而新媒体的出现加重了这一现象。电视新闻对公共议题介入的深度、广度以及影响力在多重影响下逐渐萎缩，反之，受众也从其他媒体中寻找更广阔的空间以表达意见，生成舆论。

"在信息社会，这种传播行为的实现有赖于冲破时间、空间障碍的现代媒体支持。"① 在此种背景下，社交媒体已经成为探讨公共领域重构的核心术语。"网民对公共事件的关注和参与在很大程度上影响着公共事件及相关政策的走向，政府与公众在网络空间中的协商模式

---

① 高岩：《公共空间2.0？——论Web2.0视角下网络公共空间的转型》，《新闻与传播研究》2011年第5期。

雏形已现。"① 网络公共领域打破了时间与空间的限制，为公众提供了一个非常开放的交往场域。开放性是互联网最根本的特性，它为任何人能够获得和发布各式各样的信息提供了技术条件，同时也在一定程度上使个人、组织都不能完全控制互联网。这也保证了网络公共领域极强的开放性，使之成为人人得以参与并自由表达观点和意见的公共空间。同时，网络公共领域跨越时空，打破了地域界限，使网络参与者可以自由分享来自世界各地的信息资源，扩展了交流的广度和深度，有利于形成更加广泛的社会认同。网络公共领域的这种开放性为不同意见和观点的沟通与交流提供了重要的平台，也为形成自由、平等和宽容的网络讨论机制创造了条件。这样，网络媒介比之传统媒介更能承担起公共领域沟通、交流、讨论和辩论的功能，网络公共领域成为最为理想的沟通和表达的场域。

"网络政治"成为近年来的一个研究热点，通过网络、移动社交媒体实现公共议题的讨论已然成为了一种社会常态。网络媒体成为构建新型公共空间的主场。据统计，中国社交媒体用户在过去数年内呈现了爆炸式增长。截至 2015 年 6 月，中国网民规模达 6.68 亿，其中即时通讯用户 6.06 亿，手机网民规模 5.94 亿，博客用户 4.47 亿，微博用户 2.04 亿，网站总数达到 357 万个。作为一种技术工具，互联网在过去二十余年的市场经济驱动下，已经实现从中国上层精英向普通公众的普及。从近年来中国一系列颇具影响的社会抗争运动来看，社交媒体均表现出不容小觑的力量。社交媒体积极参与公共生活，它提升了人们日常使用媒介、实现个体决策的能力，成为形成政治合力的关键因素。

如果从表层来看，电视媒体作为公共空间的话语权力的衰落是技术性的，是其本身的技术局限性使然，但是如果从深层次结构上来看，电视作为公共话语空间的压缩是与整个社会结构紧密相关的，一旦电视媒体不再作为一种改革的力量，而是作为一种主导性的权力

---

① 赵云泽、韩梦霖：《从技术到政治：中国网络公共空间的特性分析》，《国际新闻界》2013 年第 11 期。

时，它必然就会以一种相对保守的姿态出现。所以，在相当一段时间内，电视媒体所体现的公共性都标有琐碎化、肤浅化和边缘化的特征，而商业化、娱乐化成了电视媒体最主要的话语方式。

二 新媒介对电视新闻话语权的挤压

在新的媒介格局中，电视作为公共空间的地位明显下降后，舆论的主动权也随之偏移。近年来，大量学者通过对舆论形成的模式进行了分析与研究，发现不仅舆论生成的模式发生了巨大改变，舆论的主导权也已从传统的主流媒体流向了新媒体。对于传统媒体来说，话语权的衰落也意味着舆论引导功能的消解。从议程设置的角度来看，电视在舆论引导方面的作用日渐下降。议程设置理论认为，媒体在让受众"怎样想"上的影响力不大，但是它却能决定受众"想什么"。传统媒体完全可根据自己的目标、喜好和判断设定议题，内容对受众具有权威性。也就是说媒体对议题的设置具有决定性的作用。因此，传统媒体不仅具有议程设置的垄断权，而且那些受众人数多、影响力大的媒体在议程方面无疑具有得天独厚的优势，电视新闻以及电视新闻节目就是其中最典型的代表。但是在新的媒介环境下，电视媒体逐渐失去了对议程设置的主导权，其议程设置功能的弱化主要表现在以下几个方面：

第一，从议程设置主体看，传统媒体的垄断地位被打破。传统媒体是议程设置的唯一"把关人"，能决定传播内容的选择和呈现强度。新媒体的崛起，消掉了"把关人"权杖的光环，每一个普通人都成为信息传播的主体。他们不仅是新闻信息的提供者，也是新闻信息的制作者和传播者，在传播过程中他们可以根据自身的情况和需求选择不同的传播渠道，可以通过微博、微信或者贴吧等渠道讨论热点问题，进而形成议题。受众不再是议题设置的被动接受者，受众身份的多元化和差异化使议程设置的主体变得日益多元化。在新媒体时代，议程设置主体也表现出一些新的特点，最明显的就是议程设置主体呈现出多元化的发展趋势，他们或者是新的媒介机构，如机构性的微信公众号，或是个人微信公众号，特别是那些以个人身份出现的议程设置的主体，不受媒体制度的约束，凭借人际传播等优势介入到议程设置中。

第二，从议程设置的主体地位看，主体间具有平等性，不同的议程设置主体间呈现互动交叉性。这就是新闻传播领域出现的"二重议程设置"现象，而且"网民议程设置"在影响力和速度上都大大地超越了原本的传统媒体。原先"沉默的大多数"获得了介入议程设置的便捷方式并积极参与到社会议题的讨论中来，传统媒体的主导权和权威性受到冲击。以前，传统媒体完全可根据自己的目标、喜好和判断设定议题，议程的内容对受众具有权威性。以微博为代表的网络媒体，因渠道的丰富性、发言主体的众多性、涉及话题的自由度，更容易形成广泛的多样化议题。电视媒体意见领袖的独家地位受到挑战。网络媒体终结了传统媒体议程设置的霸主地位，使"双议程设置"成为传播新现象。电视媒体在议程设置的主动性、速度、向度上都被社交媒体、网络媒体所超越，电视媒体的公信力尽管还具有一定程度的优越性，但是对于舆论形成的介入及舆论走向的把控上，影响力已大大减弱。也正是由于网民的草根性，因而议题往往更贴近老百姓，具有公共化特征，更容易为受众接受和传播。且议题内容不会"一边倒"。这种大众性议程设置对传统媒体的权威性议程设置构成了强烈冲击。议题的突发性和热点难预料都使传统媒体难以维系传统的议程设置模式。在新媒体时代，公众议题大多是自发形成而非设置形成。公众议题形成的过程或方式也更为强调"互动"，公众在互动中就对重要性作出了他们认为合理的判断。在实践过程中，网络公众议程设置功能的强大已越来越受到普遍的重视和认可，对于传统媒体来说，最初面对网络议程设置其主动性的慌乱也变为了适时介入和主动引导的清晰定位。我们可以看到，当个人议题转化为公共议题，网民作为议题的第一设置者，在经过网民的激烈讨论互动以及各大媒体的转载和重新设计，最后上升为人人皆知的热门议题，这些议题在很短的时间内就会进入传统媒体的议程范围内，而且经过传统媒体的进一步选择，将对舆论的走向起到很大的影响力。也就是说，在舆论引导的过程中，传统媒体往往在舆论的第二落点上具备较大的主动性。

第三，从议程实施过程看，传统媒体的绝对主导性受到挑战。由于网络媒体的多元化和互动性，传统媒体的单向度信息传播在网络上变成多向度互动性的信息传播。受众对于议程设置过程的全程介入使得原本完全掌握在媒体手中的主导性进一步削弱。受众可在舆论生成的过程中随时加工信息、发表意见，通过网络多渠道传播，各种思想产生交锋，形成阶段性热点，合力推动舆情发展、议题走向。如 2016年影星文章的出轨事件，原本属于明星的私人事件，最终在网络媒体的讨论中演变为一个公共事件，它直指当下的社会风气与为人之道。网民在此过程中的不理性和情绪化倾向，虽然某种程度上使得议程进展难以控制，但是在媒体不断的自我调整和各种力量的介入下，表达重回理性，而传统媒体在议程实施过程中不再具有绝对权威。

第四，从议程设置效果看，传统媒体影响力的实现受到牵制。网络时代受众对信息的获取和掌握具有绝对主动权，信息的相对开放对于普通人来说有利于作出独立和准确的判断，各种信息的传播也使受众不会轻易受到传统媒体设置议程的影响。特别是直播，新闻的实时播报、更新都抓住了议程设置的第一落点，这种"首因效应"影响力巨大且传播广泛。由此可见，对于电视来说不仅是话语空间受到压缩，同时其话语权也面临着挤压，面对新的传播格局，电视媒体已经不再具备绝对的话语权与控制力，这也是当下电视媒体最大的痛点。

2016 年年末，一件在社交媒体上影响广泛的事件不断发酵，最终演变为一场欺骗人心的情感大戏。这起事件通过网络媒体营销公司在微信平台推送一篇名为《罗某笑，你给我站住》的文章，帮助身患血癌的幼童筹集治病的资金。其父以卖文的方式获得资助的行为引发了朋友圈巨大的反响。在不乏爱心的时代，或者说在一个人人都愿意在朋友圈中表达爱心的时代，这篇文章在短短一天时间内就获得了近270 万元的资助，并且成为当天朋友圈中转发频率最高的文章。正当人们为自己的善举频频点赞，以最为积极和正面的态度赞许这一行为之时，舆论急转直下，发生了意想不到的大反转，在傍晚时突然有人对此举提出质疑——这样的家庭应该向社会寻求帮助吗？这位父亲有公司、有三套房产、有私家车，他这种行为是否存在着用媒体营销来欺骗公众的嫌疑？此舆论一出顿时引发了新闻的反转，在网络媒体中，各种批评、报道层出不穷，将白天充满温情的话语推向了另一个极端，舆论直指事件的核心人物：父亲罗尔。最为重要的是事件至此，社会中已充满了硝烟弥漫的戾气，那些捐款的人不仅开始指责罗尔欺骗公众，而且通过他们的影响力推动人们对自我善举的质疑。一些网络意见领袖也加入到对此事件的指责中，公众的认识已完全被此时的主流言论所左右，于是就可以看到在各个朋友圈中大家纷纷删掉文章，在整个社会巨大的舆论压力下，罗尔明确表示将社会募捐全部退回。至此整个事件的几次舆论高点都是在网络媒体中展开的，也可以说是网络媒体、社交媒体主导了此次媒体事件。然而这一事件并不会以朋友圈的删文、网友的各种质疑而结束，它所引发的社会问题和公众思考都建立在对事件真相披露的期待中，这样就为传统媒体赢得了掀起又一轮舆论高点的机会。在这两次的转换中，事实上，舆论的侧重点是不大相同的，在进入事件发展的后期，传统主流媒体以其自身的公信力着力于对事件真实性的报道，以更为客观的专业价值呈现事实的真相，一方面使事件回归到它真实的轨道，另一方面也使公众的判断和认识从舆论的非理性状态回归到理性，从而使这样的新闻事件能够从推动社会进步的角度体现自身的意义，而不仅仅是为了追逐突发新闻事件。因此，事件的核心人物——罗尔先后在短短的两三天之内就接受了十几家电视媒体的专访，从电视新闻的内容上来看，罗尔充分说明了自身的情况，也对自己的资产安排进行了详细的说明，清晰地表明了进行募捐的理由，以及自己所认为的合理性。至此，舆论的主场又回归到电视媒体以及其他传统媒体中，电视新闻的报道给予这一事件核心人物充分表达的机会与平台，既释放了巨大的舆论压力，也通过报道相关内容引导了舆论的走向，公众在当事人的表达中可以找到对此事件判断的重要依据，从而建构了双舆论场。但是议程设置的路径发生了一定程度的变化，传统媒体对舆论主导的主动性和空间都受到了明显的挤压，或者说这种双舆论格局是那些单纯依靠意见左右公众判断的意见领袖对议程设置的控制，在舆论形成的主要环节上获得了明显的主动权。

第二节　技术演进下的电视新闻生产走向融合与创新

事实上，新媒体逻辑的主导作用不仅会重构新闻的本质特征，也涉及事物外在的形态。媒介技术的张力带来最为明显的阵痛是：在这样一个技术时代，新闻的本质是什么？或者说什么是新闻？新媒体技术撕裂了我们原本对新闻的认识，重构了新闻的内在意义，但是这又绝非结论式的终结，而是一个重要的重构过程。另一方面，技术层面的压力则成为一种最为直接的力量，迫使电视新闻走出原有的技术框架，寻求更符合受众需求的技术表达方式。技术从媒体和内容生产两个层面参与了当下电视新闻的生产，从而生成出电视新闻更大的意义空间。

一　媒介形态变化的基本逻辑：电视媒体融合发展的可能性

身处当下的媒介环境，最为显眼的就是新旧媒介技术的巨大变革，它总在以超出人们想象的方式和速度更新我们对于媒体的认知和使用模式。对于这种媒介技术的变化过程，学者将其称之为媒介技术形态的变化，即"通常是由于可感知的需要、竞争和政治压力，以及社会和技术革新的复杂相互作用引起的"[1]。在这一过程中，新旧媒体之间的演变关系与发展逻辑又是最为核心的。在此种争论中，最为学界和业界认可的精髓在于，"新媒介并不是自发地和独立地产生的——它们从旧媒介的形态变化中逐渐产生。当比较新的传媒形式出现时，比较旧的形式通常不会死亡——它们会继续演进和适应"[2]。媒介形态变化的关键原则来源于三个概念——"共同演进、汇聚和复杂

---

① [美] 罗杰·菲德勒：《媒介形态变化：认识新媒介》，明安香译，华夏出版社2000年版，第19页。

② 同上。

性"①。所以在新旧媒体的更迭过程中，融合被视为其普遍性规则。著名美国媒介学者罗杰·菲德勒曾说：对于中国电视的发展来说，融合不仅是一种技术趋势，同时还获得了重要的国家政策的红利。正如美国学者温斯顿所言，各种发明和技术革新的被广泛采用并不仅仅取决于技术上的优势。社会、政治和经济上的力量在新技术的发展方面扮演着强有力的角色。2014 年 8 月 18 日，中央全面深化改革领导小组第四次会议审议通过了《关于推动传统媒体和新兴媒体融合发展的指导意见》，习近平总书记在会上强调，要"坚持传统媒体和新兴媒体优势互补、一体发展，坚持先进技术为支撑、内容建设为根本，推动传统媒体和新兴媒体在内容、渠道、平台、经营、管理等方面的深度融合"。2015 年，习近平总书记在视察人民日报、中央电视台、新华社三家国家级媒体时，再次将媒介融合上升为国家策略的高度。因此，在这样的时代背景下，媒介融合已然成为了当下电视发展的主题之一。

中国电视的媒介融合包括三个层面：渠道的融合、内容的融合以及平台的融合。有学者总结了我国传统电视媒体向新媒体转型的四种模式：独立发展的传统电视媒体、独立发展的电视互联网新媒体、电视媒体与互联网联合的新媒体、传统电视媒体相连合的新媒体。也有学者将其归纳为三种模式，即自建网络媒体、网络电视（IPTV）、台网联动。这几种不同的融合模式，在内容生产、传播方式等方面存在一定差异，例如，自建网络媒体主要是指由电视台主办的网络平台，如中央电视台的央视网、湖南卫视的芒果网；网络电视则是比前者更为先进的一种技术平台，它是通过互联网传播电视内容的平台。在近十年的发展历程中，出现了以用户生产内容、长视频以及自制综艺节目为主的网络平台，如乐视网。此外，基于社交媒体的活跃度和成长性，电视媒体在传播渠道和内容生产上也开辟了微博、微信、APP 等移动客户端，不断探索电视与新媒体融合的深度和效度。

① ［美］罗杰·菲德勒：《媒介形态变化：认识新媒介》，明安香译，华夏出版社 2000 年版，第 20 页。

　　电视媒体走向融合发展从其媒体自身来说，是媒介形态在新的技术冲击之下不断调整和适应的外在技术表现；从内在的社会价值和意义层面来说，它是在媒介技术的逻辑演进之下对其社会定位的再造，通过技术的话语获得新的话语权利和空间。这种宏观层面的建构又往往从微观的改造开始，而对电视媒体影响最为直接的力量就表现在平台建设和受众身份的转型。

　　当前电视新闻所面临的压力可以说主要来自不断强大的自媒体生产力量，其个人化的制作模式、视频内容的原创性、播出平台的突破、对用户的集聚作用等优势为电视新闻的生产带来巨大挑战。中央电视台新媒体新闻部主任杨继红曾把新媒体发布分为发布级、交互级、平台级，将其称之为 web1.0、2.0 以及 3.0 时代。在 web1.0 时代以海量信息聚合发布为特征；到 web2.0 时代，用户上传信息、独立生产内容，用户越来越强势；目前，我们正处于 web3.0 的时代，微博、微信本身不生产内容，但是我们日复一日地在上面呈现我们的信息，它们也越来越深入地介入生活场景，与用户建立强关系。在媒介技术的演进之下，我们可以清晰地看到受众力量的崛起。这一群体随着新媒体技术释放的话语空间，从身份上来看不再是作为单纯的信息的接收者影响和决定内容的生产，而是一跃成为内容的生产者，参与和介入到内容生产中来。这种个体化的媒介生产，消解了电视新闻作为庞大的制作机构的话语优势和传播优势，特别是新媒体原创视频生产的异军突起，使门户网站以及原本不生产视频的报业集团也可以轻松地获得视频，大大降低了视频的门槛，这就迫使电视新闻必须在传播方式和载体方面重构自身的路径选择。在 2013 年新浪微博中，短视频的点击量高达 32 亿次，占全站点击量的 19%，全年视频短链回流比高达 2304%，明显高于全站短链回流比。

　　牵动电视新闻变革的力量不仅缘于受众身份的转型。从商业市场化的角度审视其存在价值就会发现，传统意义上的受众，在技术力量的转型中已成为新的价值入口，即受众转变为用户。对于传统的电视媒体来说，当下电视新闻的传播最为短缺的就是用户。在新媒体兴起之初，学术界曾对新媒体大众传媒的身份进行过深度的讨论，其要义在于唤起新媒体的责任意识和社会担当，以对新媒体在追逐商业利益过程中的过度行为进行纠偏。这种讨论由于处于新媒体发展的初期，还未能厘清新媒体技术形态的内在优势和基本特征。伴随着媒介技术的进步，对于新媒体的渠道价值和传播技术特征的认识也不断深入，尤其在进入媒介融合阶段，这种技术特性就成为制约内容生产的核心要素，因此，从技术层面上深入理解和呈现新媒体的价值就显得尤为重要。从这一层面分析，受众就成为一个关键的连接点。它成为呈现传播技术特性、综合商业要素、影响内容生产的中心。而对于新媒体来说最为鲜明的特征则是其受众的商业化身份——用户。这种以用户为导向的传播策略从传播理念、传播方式、媒体使用方式等方面确立了新媒体的技术维度，也厘清了新媒体与传统媒体的本质区别，从这个角度来看，电视媒体的融合之路才能找到正确的方向，寻求合适的路径。

二　在电视新闻生产与传播中架接互联网思维

在电视媒体与新媒体融合的过程中超越原有的思维定式，不仅需要颠覆固有的认识习惯，而且还要能够充分把握和领悟互联网思维的内在本质。我们该如何认识互联网思维呢？学界比较统一的看法是，"互联网思维"是被广泛用于表达在（移动）互联网、大数据、云计算等科技不断发展的背景下一种对市场、对用户、对产品、对企业价值链乃至对整个商业生态进行重新审视的思考方式，主要包括：以人为本、人人参与、用户体验、便捷迅速、极致化、免费与流量、大数据、社会化、平台模式等方面。事实上，"互联网思维"本身就是一个与时俱进的概念，具有动态性的特征。我们对于互联网思维的理解伴随着对新媒介技术的开发和使用的深度而不断前进，直至今日我们的理解可能都是有一定局限性的。基于当前的媒介实践情况，我们可以从以下几个方面理解互联网思维的维度，也正是基于这样的认识，在媒介的新闻生产过程中出现了新的转向。

第一，社交化的平台传播。电视媒体与其他传统媒体在传播特性上都有同一明显的缺陷，那就是单向传播，难以及时有效地获得反馈，不能满足观众对节目内容的多元化参与。在网络媒体兴起之初，电视媒体通过借助于其他平台，如手机短信、电话等方式提高观众的参与度，更多的关注也往往放在观众对节目的反馈上。伴随着移动终端的技术演进，具有社交性质的微博、微信极大地改变了新闻生产的方式，新闻信息通过用户的个人传播，重构了新闻的传播路径，它不仅使观众参与到新闻信息的反馈和互动中，更通过点对点的传播，演变成一种典型的社交化行为。所谓社交化，主要指在社交网络服务中所带来的新型交往和内容生产等方式。例如，"用户讨论区"板块，以及近期流行的"弹幕式"评论功能，甚至是源于社区网站的"每日签到""砸金蛋""开宝箱"等交互化激励方式。据爱立信消费者研究室发布的 2014ICT（Information and Communication Techology）发展趋势表明，新媒体并没有显著增加用户对视频节目的主动性收视需求，人们不断强化的社会交往需求，使得服从式视频消费趋势更加强劲[①]。社交化传播往往基于用户对信息的判断，只有那些他们认为有用的信息才会出现网状式的扩散传播现象。

与此同时，平台化的传播则意味着对资源的整合和再开发。终端建设是当前电视变革的又一大主题，电视观众的流失其实意味着终端优势的丧失，在媒介融合的进程中，电视从业者发现其融合绝非"电视+网络"的简单模式，而是构建一个新的平台，使电视获得终端的有效价值。平台的概念衍生于计算平台（computing platform），从来源上讲，平台是一个技术概念，是一种算法。但是由于各种应用和网络基于算法产生，平台从最初的技术概念转化为自称具有用户聚合能力和内容传递能力的网络应用。从这个意义上说，平台具有媒体的属性。"平台"不仅仅是一个静态的中介物——简单地接入各种设备、引入内容或吸引更多的用户，它更是一个积极、动态的参与者，利用技术世界的逻辑，以信息服务为入口，以数据为洞察力，从内容生产的初始就嵌入了产业价值链的思考，目标直指最终的用户和消费者。

---

① 王虎：《媒体社交化语境下的社会资本扩张与传统电视变革》，《新闻记者》2014年第6期。

从这个意义上说，媒介融合产生的"平台"是一个构建产业链核心环节、整合社会资源的汇聚之地。[①] 这种终端价值体现为对于用户的吸引程度、内容生产的资源共享与再造、社会资本扩张的潜力等。因此，我们看到电视在社交媒体的场域中完成内容生产，并将其与社交媒体共享。社交媒体也利用自己的传播渠道打通了与电视媒体的互动通道，有效地将电视内容纳入到自身的传播平台。

不可否认，在电视媒体新的生产模式中，关系网络是重要的基础设施，已成为电视进行社会化生产、集聚受众资源的重要引擎，成为节目内容的重要入口。美国市场调研公司尼尔森针对 200 多档黄金时段的电视节目进行调查后也发现，Twitter 用户在收看电视节目时发送的推文能够提高电视收视率；而电视节目收益率越高，也会有越多 Twitter 用户发布相关推文。同时各种研究报告显示，当前美国新闻业体现出一种不可忽视的趋势：年轻人更乐于使用平板手机消费新闻；社交平台成为年轻人接触新闻的首选入口；移动端和社交平台日益成为不可分割的媒体新闻发布渠道。新闻入口移动社交化的本质无疑使平台价值凸显出来。从这个层面来看，"终端"概念就是转化为"产品"概念的思维方式。围绕"产品"概念，为其做产品规划，设计品牌推广路径，整合各终端资源进行资金融入，设计趣味性环节实现用户交互，与社交化平台深度融合。2013 年，英国老牌广播公司 BBC 提出了"移动为先"的发展战略，节目的生产和传播首先考虑移动平台的需要。在这一理念指引下，该公司的广播和电视双栖节目《世界听你说》全面拥抱社交媒体，从节目开始前话题的确立、嘉宾的选择，节目直播时与用户的互动，到播出后基于用户评论的节目评估，均通过社交媒体进行。该节目中，传统的主持人转变为主持、导播、网友代言人等多重角色为一体。调查表明，BBC 在社交媒体中的用户影响度和新闻转发度方面均名列国际媒体的榜首，其信息在社交媒体中的存活度也最高。此外《BBC Trending》被视为最好的社交媒体新

---

① 黄佩、陈甜甜：《电视"平台"：媒介融合的一种构想》，《中国电视》2016 年第 6 期。

闻节目之一，其内容和制作实现了传统电视媒体与社交媒体的深度融合，能够同时在电视、电脑和手机三块屏幕都形成焦点，并使观众和用户参与讨论，在多平台形成热点。

第二，以用户为导向的传播向度。在媒介融合的过程中，受众身份转型所带来的影响显得格外醒目。正如前文所述，受众在技术力量的带动下体现出了新的商业特征，从而改变了原有的固化身份，"用户"的概念迅速成为当下媒介融合中最核心的理念之一。在内容上，传统媒体信息发布的独家地位被瓦解，移动终端的实时推送，基于大数据、定位技术的精准推送，以及"友好"的交互方式使得用户获取信息的时间成本、搜索成本、解读成本都大大降低，内容生产也从以传播者为中心的"自我选择"转变为以用户为中心的用户生产或基于用户需求的生产。"用户"原指商品的使用者与消费者，其身份特征与价值取向与受众存在着巨大的差异。传统的电视媒体是在受众理念的运行逻辑下进行内容生产的，特别是由于电视具备强大的影响力，使它对于受众的态度表现出极大的强势，在传受双方的牵制与博弈下，电视作为传播者的主动性或制导性往往凌驾于受众的接受度之上，尽管这其中受众作为消费者的身份不容忽视，但是在这两者之间受众不具备传播的主动权。

新媒体的出现使受众在信息的接受过程中凸显作为主导者的作用，表现出以下几个基本特征：一是深度参与到新闻的生产中，作为新闻内容的创制者改变了传统的传受关系；二是以社交化的行为方式改变了传播的路径；三是个性化的新闻需求，去中心化的离散状态呈现出明显的分众状态；四是商业价值获得多元化的延伸。

在这种背景之下，受众原有的基本特性被新的价值特征所取代，受众不仅成为媒介融合技术转型的逻辑起点，也成为这场技术变革中最明显的标志。从媒介对受众的判断来看，用户的内涵应该包含几个层面的意义：

首先，用户与媒体不再是一种单纯的接收关系，用户更强调的是"体验"，即对产品使用的感受、认知、评价，是一个从感官到感情的整体性经验。用户在使用媒介产品过程中留下了清晰的痕迹，通过选

用户体验蜂巢模型图

择和生产他们喜好、需要的内容，日复一日地嵌入日常社会交往中，这种关联使用户呈现为一种具体的、明确的存在。可以说是互联网的发展结合移动终端的普及，加之媒介内容与技术的紧密联系造就了"用户"。那么如何提升用户体验？美国知名的信息架构专家彼得·莫维里（Peter Morville）提出了用户体验的七大核心特质，分别是：适用的、合意的、易访的、可靠的、易查找的、可用的和有价值的。① 莫维里从用户角度出发，概括了用户体验的几个重要的要素，而这些要素正是提升用户体验的路径。② 新媒体平台一般以网络开发技术为基础，全力经营具备开放、聚合、社交服务功能的平台，快速吸纳海量用户和内容，在服务用户的同时力争向其传播讯息，沿着一条了解用户——锁定用户——维护用户的路径，不断深化与用户的关系，增强黏性。对于电视媒体来说，现在最大的短板就是没有直接的用户。

---

① MORVILIE P. User experience design［M］. Ann Arbor, Michigan, USA：Semantic Studios LLC，2004.

② 温世君：《拥抱"互联网+"的基础是用户思维——受众角色的重构与媒体转型》，《电视技术》2015 年第 16 期。

因此，电视媒体的融合之路在一定程度上首先需要解决的就是如何利用新的平台绑定用户，与用户建立深度的联系。例如，中央电视台建立了"两微一端"到"三微一端"的矩阵，用户可以通过客户端的下载和评价对信息的生产者产生影响，通过关注相同的话题或事物接触到其他用户，并建立联系。在这里，他们与传者互动，自主地控制信息内容，同其他形形色色的用户交流讨论。

其次，用户意味着一种"强关系"。如果说强关系的四个因素中，"认识时间的长短""互动的频率"和"互惠性服务的内容"偏于工具性诉求的话，那么"亲密性"无疑是情感性诉求。① 当前的电视社交应用多是对社交媒体的工具化使用，停留在播出环节的合作阶段，互动内容很少进入生产流程。各种应用产品的逻辑结构和用户体验大同小异，跟早前看电视发短信、刷微博没有本质区别。从生产融合的角度看，电视社交化不能简单地理解为"社交+电视"，它既不是终端或技术的组合，也不是电视节目向社交网络的简单移植，而是关系网络与内容产制的深度融合。对于电视媒体来说，这种强关系体现在电视媒体与用户之间可感知、互动式的交往中。截至2014年1月，新浪微博平台上已有超过7000个经过认证的与电视相关的官方微博，其中电视台官微510个、电视频道官微712个、电视栏目官微6107个。目前，我们在大多数电视媒体的融合进程中看到的是电视借助于新媒体平台构建这种关系，但是这些用户事实上仍是以新媒体平台为导向的，在这种深度关系的建构中依托的是电视媒体原有的影响力，可是对于用户的维系又往往完全依靠新媒体，电视媒体的主导性、主权地位被搁置一旁。特别是新闻信息的用户与娱乐节目的观众对媒体选择的标准有着巨大的区别。新闻信息更多的体现为价值优势，而娱乐节目则倾向于感官享乐。立足于电视的媒介融合之变，其用户资源可以说是电视台最宝贵的核心财富，但是如果将原有的受众资源无偿让渡给新媒体，事实上仍未解决电视媒体的用户短缺的问题。因而，

---

① 陈力丹、费杨生：《关系：移动互联时代传统媒体转型的逻辑起点——读第20个玛丽·梅克尔的互联网报告》，《编辑之友》2016年第7期。

我们说要建立电视媒体与受众的关系平台，从长远来看，这个平台应该是电视媒体与电视受众为主导的平台，电视媒体在转型中应具备明确的主权意识和方向性。

有学者提出：某一媒介的"消费者"比例是否超越人口总数的20%，是判断其是否是社会主流媒体的重要指标。从2016年始，业界专家认为，互动电视行业已全面进入发展黄金期。这种基于互联网发展起来的新型电视形态，已经成为电视行业发展的中坚力量。它与传统电视最大的区别就在于它本身就是网络化的产物，所以其禀赋是互联网式的运行逻辑。中国的互动电视主要包括IPTV、DVB、OTT三种形态，这三大渠道所覆盖的用户至2016年底已经逐渐迈向亿级规模。目前，互动电视因为其更为优越的互动体验和更为庞大的用户规模已经与"电影院、电视台和视频网站"三者并称为内容发行平台的"四大金刚"。互动电视最为明显的优势就在于深耕用户运营与内容运营之间的关系。

此外，用户还应该具有明确的服务意识和服务功能。当媒介内容变为产品时，这种商品属性就意味着它不仅是一次性的内容投递，而是需要紧密追随的用户需求，重视用户的个性化使用体验，依据用户的不同使用场景提供产品，注重用户对产品的评价和传播，重视用户的消费型生产。媒体要提供的不止内容本身，还包括产品体验、渠道、技术、服务等方面。这种服务性其实是与媒介产品的商业属性紧密相关的，也可以把它理解为建立在用户体验基础之上的一种用户经验。这其中既包括对媒介使用的感受，也包含着情感上的交往、依赖、信任。从媒介的使用层面来看，电视新闻在融合的过程中还是应该从人性、社会和文化三个层面着力。新闻产品的内容属性，从本质上来看仍是它的文化性及文化功能。对于视听媒体来说，这种文化性的内在阐释又往往通过文化的归属感、文化的传承来塑造、培养我们的生活方式，以此建立新闻产品的品质特征和品牌特色。而这些又必须依靠媒介产品具体的表达方式或服务应用才能够体现出来，所以，当不断进行技术变革的电视在提供新闻产品的同时，也在通过满足大众的社会性、响应大众对新闻生产的深层次需求、以价值导向彰显媒体的社会与经济的影响力等方式提升服务的档次和水平。当大众传播进入到分众传播，再跨越到人际传播、点对点的传播时代，在新闻产品中所附加的服务价值和服务内涵就变得愈发清晰和重要。

三 技术创新重构电视新闻的本体特征与生产的新场景

电视新闻的变革因终端技术而生发，体现为一种全方位的结构改革，与此同时，新闻内容生产的技术革新同样从其内部引发了对新闻内涵的延展，它带来的挑战则是指向新闻本体的，在一定意义上这种变革重构着新闻的本质。

对于当下的电视新闻来说，有几大技术是不可忽视的，其中包括：VR（Virtual reality 虚拟现实）技术、AR（Augrrented Reacity 增强现实）技术、机器人写作、移动直播、大数据技术，以及近年来各类特种摄像技术等，都使电视新闻的内容建构进一步转向，如电视体育直播中的"鹰眼"技术、擅长捕捉运动镜头的 GoPro 摄像头等，延伸了人类在空间维度上"目之所及"的能力。中央电视台在 2015 年的"9·3 阅兵"直播中全线升级内容采集系统，通过多种新型摄像设备等的全视野记录，为人们的"观看"提供多元视点。2020 年奥运会的主办国日本提出"改变世界观看奥运的方式"的理念，从 4K 电视的新标配到 8K 电视对影像技术的引领；同时，这些技术已开始进入我国电视新闻内容生产中，在这其中最为显眼的便是 VR 虚拟现实技术及 AR 技术。2015 年 11 月 6 日成为现代新闻史上一个特别的日子，著名的《纽约时报》开启了新闻生产的 VR 时代。《纽约时报》推出了新闻 Virtual Reality 客户端"NYT VR"，读者可以通过"谷歌纸板"（Google Cardboard）阅读第一例虚拟现实新闻报道。新闻报道进入到了"VR"时代，也把 VR 技术带入全新的时代。在这种趋势下，不少业内人士把 2016 年称为"虚拟技术元年"。

目前国际新闻界将 VR 技术主要应用在体育比赛、颁奖典礼、政治活动等直播报道中，如美国有线电视新闻网（CNN）在 2015 年通过 VR 视频流向全球 121 个国家直播民主党总统候选人竞选辩论。2016 年在里约奥运会上，全球媒体首次将 VR 技术应用于开闭幕式及各项赛事的直播、转播中，美国全美广播公司（NBC）、加拿大广播公司（CBC）、英国广播公司（BBC）等都推出了面向移动端的360度赛事呈现。此外，传统媒体还纷纷开设新媒体平台的VR新闻终端，网络视频网站、网络社交媒体以及新闻网站也都成为VR技术使用较为密集的几大媒体类型。在2016年中央电视台的特别节目《筑梦天宫》中，首度综合运用AR、全息VR、虚拟追踪等技术，令观众能"在场"式地深入了解神舟十一号、天宫二号及其内部构造。通过打通全媒体编辑区并实现"开放式"演播厅的设计，展现了电视新闻生产的新变化。VR等现实体验技术的出现，改进的不仅是原有电视文本的组织形式，也将进一步作用于电视文本和受众间关系的重构上，带来"新闻体验方式的变化"。电视文本将超越简单的"看"的功能而转向"体验"，使用户更好地"进入"事件的空间，甚至在一定程度上成为"当事人"[①]。对于新闻来说，VR技术最重要的使用价值就在于提供了沉浸式的新闻现场感。

在虚拟现实研究和理论中有两个与新闻传播有关的核心概念："浸润"（immersion）和"在场"（presence）。这两个概念涵盖了传播者对信息的传输状态即信息到达受众的效果；也包括了用户对信息接收的感知状态。从新闻的本质上看，这种技术体现出将最真实的现实呈现给受众作为新闻效果传播最高目标的追求。浸润程度越高，在场感越强，新闻与用户之间的距离越短，新闻越能够原真地向用户传播，这样的技术就越接近我们对新闻传播认识的理想状态。从技术层面来看，VR虚拟现实技术借助计算机生成三维虚拟环境，接收者完全可以从自己的视角出发获取信息，并深入到真实环境中与其进行互动，产生一种身临其境、亲临新闻现场的真实感和第一人称代入感。学者将这一技术的特征归纳为"3I"：即沉浸（Immersion）、互动（Interaction）和想象（Imagination）。由于这种技术强调通过人机互动，产生运动感知、方向感知等多种感知达到沉浸式的体验，因此，

---

① 彭兰：《移动化、智能化、技术化趋势下新闻生产的再定义》，《新闻记者》2016年第1期。

此种技术运用在新闻生产中所体现的最为鲜明的特征就是"沉浸"。对于沉浸式新闻，有"虚拟现实教母"之称的南加州大学安纳伯格新闻与传播学院的诺妮·德拉佩纳（Nonny de la Peña）教授于 2010 年在 MIT Journal 上发表论文，首次使用沉浸式新闻（Immersive Journalism）的概念定义使用虚拟现实技术制作的新闻，称沉浸式新闻为一种使观众能够对新闻中的故事或者场景获得第一人称视角体验的新闻生产方式。这种传播方式从认识角度来看体现出强烈的在场感，从而达到了新闻对受众的包裹程度，转变了受众接收新闻的视角，从这个层面来看，"虚拟现实对新闻传播业的重大意义体现在它能几近'穷尽地'记录和传输（再现）新闻事件"。① 具体而言，VR 虚拟现实技术对新闻报道的影响则主要表现在全新的接收体验、强烈的视觉感受和对新闻真实性的全新表达等几个方面。

2016 年 10 月 17 日，中央电视台综合频道、新闻频道并机直播了神舟十一号载人航天飞船升空的特别新闻节目《筑梦天宫》。这档电视新闻节目在报道方式上除了最为常见的直播以外，还大量运用了新的媒体技术，如大数据、多屏互动，并首次使用了 VR 和 AR 技术。在主播文静介绍天宫二号和神舟十一号交会对接及共同组成组合体时，演播室动用了虚拟追踪技术，让天宫二号从屏幕中"钻"了出来，通过机位的景别变换，观众可以直观地看到天宫二号的数据和设计细节。在主播介绍神舟十一号飞行控制室和组合体时，动用 VR 全息技术，使观众身临其境地全面了解神舟十一号、天宫二号及其组合体内部构造和控制面板。此外，在主播台上，还首次启用了 AR 现实增强技术，主播可以通过触摸主播台下方的触控面板，从而达到"指挥"天宫二号的行进方向和转速，360°展现。为逐一介绍组合体内部生活设施和必要的设备，主播文静"走进"天宫二号实验室内，动用 VR 和虚拟追踪技术，逐一向观众介绍设施及基本信息，并通过左侧信息栏动态概括，生动活泼、酷炫直观。在央视这档特别节目时段，

① 邓建国：《时空征服和感知重组——虚拟现实新闻的技术源起及伦理风险》，《新闻记者》2016 年第 5 期。

市场占有率一直处于13%—14%之间，也使国内的观众在央视大屏幕上第一次体验到了VR技术报道新闻的真实感受。[①] 尽管这次尝试的深度和广度还十分有限，但是它使我们对其在新闻报道上的"颠覆性创新"有了更为直观的认识。

虚拟现实技术不仅提供了新的报道视角和报道方式，它还开启了全新的业态模式和传播样态。虚拟现实技术使新闻报道的内容从语言与视觉的浅层叙事转而进入深层的传播中。受众借助于VR技术可以进入新闻现场的宏观场景中发现、捕捉、感知新闻，所有那些细节都在"地毯式的搜索"中尽收眼底，360度的全景呈现显著提升了报道的广度与深度。AR技术作为VR技术的加强版则将这一呈现方式又向前推进了一大步。它可以将无限的数字化信息"叠加"到有限的浅层叙事上，当受众希望了解更多深层次内容时，只需要在移动终端上点开APP"扫描"或"识别"一下，与此相关的海量的背景信息、深度内容便会以文字、图像、音视频等多种形式被"唤起"，以此增强用户的现实体验，延伸其感官功能和认知空间。随着AR云端服务器的扩容，这种相关信息还在不断地增量，为用户提供深度探索和了解的诸多可能性。换言之，在AR技术的框架下，每一条新闻都不再是一个孤立的事件，我们可以通过移动终端这个载体，将有限的"叙事场域"放置于"宏大的叙事"中，去呈现新闻在不同语境层次中的真实景观。从这个意义来看，正如美国学者雷克斯·索尔所说的那样："当下媒体从痴迷于'抓取一切'向着'深挖某一领域'倾斜，我们已经走过了大数据时代，现在已经迈进了'深潜'（deep diving）的阶段。"[②]

对于新闻业来说，技术对内容的创新仅仅是专业领域中的一个向度，每一种重要媒介技术的介入无不产生结构性的变化，技术在向媒介内容生产的挺进中最为强势的就是技术不断侵占"人的思想"的生

---

① 《央视"筑梦天宫"特别报道　AR、VR、虚拟追踪齐上阵》，http://www.sohu.com/a/11637992_ 197694。

② 史安斌：《虚拟/增强现实技术的兴起与传统新闻业的转向》，《新闻记者》2016年第1期。

产领地。在新闻生产的领域中技术的能力、思维都在不断被强化，从而改变着原有的业态样式，加速了媒介与高科技的跨界融合，为各种新的创意新闻产品带来机制和平台上的保证。据美国皮尤中心"新闻卓越计划"显示，数字化时代的媒介创新越来越多地产生于新闻媒体之外的机构①。而"互联网+"也必将成为媒体发展的新常态。

传统新闻学一直强调的"客观新闻学"，在传播上坚守着单向度的传受关系，受众往往被置身于传播场景之外，只能被动地接收信息与解读意义。在新闻从强调大众到强调个性，由"客观新闻学"向"对话新闻学"的演进中，VR 和 AR 技术所代表的恰恰就是一种新型的对话关系。这种以对话为核心的传播关系重构了新闻内容生产的样式。这种技术的叙事手法不再局限于传者对世界的客观摹写，而是融合了受者身临其境的沉浸体验，这种代入感使新闻专业从业者与受众可以在同境的场景下完成情感的分享和共鸣，新闻的生产从专属走向分享。这种分享又进一步强化了新闻价值要素的"接近性"和"相关性"，在超越时空的语境中完成了新闻信息的传播流程和意义生成。

这样的技术逻辑必然会从生产环境层面引发传受两端的变革。传统的新闻生产依托于真实的现实环境，同时也在努力还原最为真实的新闻，这样的场域就形成了新闻交流的基本条件，即现实中的沟通。对于受众来说，尽管新闻媒体所营造出的现实被称之为"虚拟现实"，但是事实上，传受双方都处在"现实"这同一环境中，只是我们借助媒介对于现实世界的塑造有着各自不同的立场、角度。然而媒介技术发展的当下趋势，使新闻生产和接收的环境发生了巨大的变革。如果从微观层面上来看，主要的变化是在生产技术与终端方面，但是我们忽略的是由此构成的新闻场域的变化，也就是宏观层面的变化。那么宏观上是什么在变？事实上，就是新闻生产的场景发生了变化。

场景原指电影拍摄的场地和布景，如今场景也被广泛用于传媒业。场景是对用户使用传播时的一种基于时空环境的一种规定性。这

---

① 史安斌：《虚拟/增强现实技术的兴起与传统新闻业的转向》，《新闻记者》2016 年第 1 期。

种规定性既对于人们接触、选择和使用内容给予一定的"屏蔽"和限定，也为某种与"场景"需求相吻合的信息提供了长驱直入的可能性。[①] 在新闻传播中场景包含几个层面的含义：第一，场景是一个立体的维度空间，具有人、物、景，这个场景要有一定的故事和关系；第二，可以是线上虚拟场景，可以是线下现实场景，也可以是两者切换变化的；第三，可以是创造的新场景，也可以是进入式的场景，具有链接性，可以将用户带入式体验；第四，在场景中"人"是核心，最终服务对象也是用户。从这个角度来看，新闻生产的场景就不再是原本单一的现实场景，而是将现实与互联网的场景同时纳入产制过程中，并且新闻从业者需要在不同的场景中随时转换，以提供更高品质、更具有观赏性、更易于接受的新闻产品。

互联网的场景包括虚拟场景和应用场景。应用场景是指互联网的一个应用（产品）使用进入用户所处的场景，它包括五个核心要素：移动设备、社交媒体、大数据、传感器、定位系统[②]。原本地理意义上的场所，是具有明确的地标，且本身是具有意义的，是承载人与环境发生联系的载体，但现在却被非固定、不实在的虚拟空间代替。场所不仅指人与物的联系，更是人与人沟通、塑造对社群价值观认同的重要载体，场所构成了人们之间感情的维系和心理纽带。互联网场景下，新闻生产发生的环境是在一种新的空间中完成，决定这个空间的不仅有新闻发生的真实现实，还有呈现它所创造出的新的虚拟空间。身处于互联网场景下的新闻生产必须要建立符合互联网思维和逻辑的话语机制，同时也更需要创造感同身受、沟通交流、提供服务价值的空间场景，才能使这种具有多重体验的新闻生产产生实际的应用价值。从这个意义上来看，对于当下的电视新闻来说，不论是原有的直播技术还是 APP 终端、微博或微信都不仅是一种传播通道，它们更是一种生产场景，将服务、黏度等新的附加价值通过在新场景的生产实

---

① 喻国明：《用"互联网+"新常态构造传播新景观——兼论内容产品从"两要素模式"向"四要素模式"的转型升级》，《新闻与写作》2015 年第 6 期。

② 谭天：《从渠道争夺到终端制胜，从受众场景到用户场景——传统媒体融合转型的关键》，《新闻记者》2015 年第 4 期。

现情感分享、使用便捷等深度体验。而对于新闻本身来说，传播的效果是与传播的体验与分享联系在一起的，所以场景的转移，就从新闻生产的最源头拓展了其传播的意义和价值。同时，在新闻的生产过程中也面临着将两种场景联结的问题。因为从技术层面上讲不同的终端决定着场景的空间结构、气氛与用途，从内容本身来看则意味着对于传统新闻理念、思维的重新架构和解读，它必须冲破原有的思维框架，开辟新的价值入口，将这些新的空间场景所产生的内在价值转化为一种全新的新闻表达方式，并在这种状态之下为受众创造出新的新闻接收场景，从而在最大程度上体现出新媒体技术对于新闻传播效果影响的深度和效度。新闻生产场景的演变事实上并不是最先进入我们视野的，而是在互联网思维、媒介融合不断深入的过程中，由于它直指受众市场，其导向性呈现出不容忽视的影响力才逐渐被业界与学界所重视。在新闻生产技术所创造出的众多可能性中，我们只有打破生产空间中的诸多壁垒，才有可能创造出顺应技术逻辑发展趋势的新闻样式、运行模式和全新的话语空间。

第三节 电视新闻视角的技术反思

一 电视新闻会在技术乌托邦中迷失吗?

当技术纷至沓来，时代、媒体与个人都被技术所包围。在无可改变的趋势下，我们不得不选择技术所决定的方向、方式，没有哪个媒体可以无视技术所改变的一切。法国学者埃吕尔则认为，当代社会就是一个技术社会，在这样的社会里，任何东西都出自技术、依靠技术而存在，技术成了驱动社会发展的决定性力量。甚至有人预言2016年"电视将死"。如果从技术的角度来看，电视的概念的确有朝一日是会被改写的，但是对于一个媒体及其所具有的内容样式来说，形式仅是一种外在的表现，其内在的价值诉求、精神品质、专业内涵才是成就它的本质所在。面对技术如此强大的力量，电视与电视新闻所能够坚守的又是什么呢？

技术的高歌猛进成为媒介话语的核心力量。在面对所有关于当下新闻的讨论中，技术成为支配各种力量最为敏感的中心词，甚至在所有的议题中都会或多或少地出现它的身影，这种影响力足以验证媒介技术在引领新闻传播发展中举足轻重的作用。不可否认的是，媒介技术开启了新闻传播无限的想象空间，它使我们在传播手段、表现手法、思维模式上的创新超越了以往任何一个时代，但是我们不能忽略的是，技术不是新闻传播的全部，它也不能替代新闻传播。事实上，媒介演进的路径是一个技术与社会相互作用的复杂过程。不同的历史时期和发展现状，技术与社会的影响力是有所不同的，因此无论技术占主导还是社会占主导的绝对观点都是有失偏颇的。

新闻传播的历史无疑就是一部媒介技术的发展史，技术决定论也曾在这一历程中显现出它独具的思想魅力，拓展了我们对于大众传播的认知空间和可能性，这一理论在讨论社会与媒介之间的关系中将技术居于核心地位，甚至认为对于社会来说，真正有意义、有价值的"讯息"不是各个时代的媒体所传播的内容，而是这个时代所使用的传播工具的性质、它所开创的可能性以及带来的社会变革。但是今天当我们讨论媒介技术时却显现出这样一种趋势：技术代表着媒介内容发展的所有未来。这种理论显然存在着对技术夸大的偏执。其实当我们试图用一种因素代替其他因素，或使它成为决定性因素时，在思想层面可能存在这样的思考，即我们试图回避其他相关因素，以及这种因素中具有着最大的话语空间。然而当理性的探究变成一种没有节制的过度想象时，技术的存在必将被妖魔化。这种变异又往往与思考者自身的利益紧密相关，成为还原他本质目的的有力工具。这种趋势会走向两种极端：技术的排他性和媒介的同一性。

当下，在所有新闻的发展路径中，我们关注的焦点大都集中在技术维度上，无论学界还是业界都一致认为对于当下的新闻传播来说，技术是改变新闻的核心要素，也是能够吸引受众的最关键要素。这种理念的背后是我们对思想的回避、对商业利益的又一次妥协。新闻传播的核心要素——人文精神也迷失在技术的狂想中，而"人"的价值也被置于边缘地带。"身体的在场"是否就可以取代"我思故我在"的精神坚守？这场技术的革命是否真的席卷了新闻传播以符号为中介的思想角色？作为传播者或受众的人类的价值是否在技术的精心设计下落入了空洞的陷阱？如果今天我们对技术的思考能够将其视为内容发展的一种变量，重新将其放置于社会、权力的维度中，它的确具备一个极大的话语空间。在技术语境中最大的特征就是"自由"，这其中包括技术本身的工具性以及在工具范畴内讨论的自由。对这种"自由"的刻意追求也就意味着某种回避，这种遮蔽也显现出学理探讨的自我逃避。事实上，在技术主张的背后依然是社会发展的核心议题，而不能把它仅囿于操作层面，将其推向为内容变革的极致力量。

在技术为我们开拓的崭新的想象空间和话语空间中，我们的确获得意想不到的快感——技术不仅能带来经济上的好处，还创造了人们感知现实的方式，而这些方式是理解各种社会及精神生活的关键。①在我们讨论这场变革时，技术的语境被不断放大，究其原因便在于它重构了媒体与受众之间的联系，这种立场、主张激活了技术的想象空间，也为新闻的创制带来更多的可能。然而，在创新的背后依然会显现历史积淀中的专业价值、专业理念这些思想内涵的精神要旨。如果追溯电视新闻在中国发展历程中的足迹，就不难发现，在时代巨变中，它以专业的精神、专业的品质对于社会的回应成就了其在传播格局和社会结构中的地位，打造了中国电视行业的新闻标准，构建了与国际对话的新格局，这些不仅仅是靠媒介技术的拥有就可以完成的，它是对内容核心价值的追索、打造与锤炼。从这个层面来看，技术是不能取代我们对于当下新闻本质的思考的。体用之争的目标，其实还是要回归到事物的本质当中的。变革是事物发展的一种重要驱动力，但是在事物存在的本质特征中，必然保留着具有稳定性的因素。正因此，革新的力量才能有着力点，并以此发力影响全局。辩证地看待媒介技术的影响力，也是我们厘清新闻发展思路的关键。那么在变与不

---

① ［美］尼尔·波兹曼：《技术垄断：文化向技术投降》，何道宽译，北京大学出版社2007年版，第18页。

变中，对于电视新闻来说，应该坚守的本质特征又有哪些呢？

这是一个理论层出不穷的时代，也是一个实则缺乏定论的时代，新闻理论的诸多本质在技术的革新下的确面临着被改写的可能，对于这样一个专业价值体系来说，我们当下最为重要的是明确那些具有稳定性的价值理念。它要为新的技术条件奠定长久发展的根基，要重构自身的范式和话语机制，从而彰显出实践层面改革的价值与意义。对于电视来说，其本身的娱乐价值、商业价值始终是业界最为关注的要点。而作为一个专业机构的新闻生产其影响力则在日渐消退，当这种制作不能被转化为一种商业价值时，它的存在就会被无限边缘化。但是对于电视新闻来说，它与其他电视节目不同的是，新闻的价值不会与商业价值完全对等，新闻在体现自我价值时往往要与商业价值保持距离。新闻中最核心的本质依然体现为它对于社会、时代的关切度、关联性，而不能将其沦为娱乐或金钱的附属品。这是新闻存在的最重要的合理性之一，也是在不同时代、不同媒介技术条件下、不同政治语境中新闻作为个体价值的本质之一。

"技术社会的问题不是技术产品，而是技艺化。技术要求的是对工程技术的精通，而不是对伦理的专长。人作为目的在萎缩并且变得神秘化，而工具世界却不断扩大、加速。在技术社会，效率和技艺变成了生活的哲学，不断侵蚀我们的精神。机械化的思维模式成了人类政治、社会和文化的主要秩序。就像鱼活在水中，人类被数据、网络、电子化的声音和图像包裹。当技术占据了我们的经济、政治，道德生活就变得无关紧要了。对效率的孜孜以求剥夺了我们作为人的自由。在教育领域，人们认为新潮的技术比小班授课和训练有素的教师更为重要。记者们认为那些能被技术视觉化、戏剧化地传输的信息比那些不那么热闹的事件更具有新闻价值。"[1]

二　技术向度中的媒介伦理

在新的媒介格局下，一方面网络舆论甚嚣尘上，新媒体在促进公

---

[1] 甘丽华、［美］克利福德·克里斯琴斯：《全球媒介伦理及技术化时代的挑战——克利福德·克里斯琴斯学术访谈》，《新闻记者》2015 年第 7 期。

民意识觉醒、公民身份认同、公民参与逐步实现的过程中也成为各种社会力量角逐的重要场所；另一方面裹挟着各种利益诉求的虚假信息也乘虚而入，使基于传统责任理论的媒介伦理在新媒介空间中成为一个无法绕过的话题。随着传统媒体与新媒体融合的深度与广度的加强，这一问题就不仅仅是新媒体的个体问题，而是关于整个媒介体系的核心议题。然而在不同的政治制度、社会制度下，媒介伦理的内涵与逻辑也不尽相同。在发达国家，新闻专业主义及其媒介伦理是在自由的前提下，新闻界对媒介传播的自我要求、道德审视与行为约束。新闻专业主义及与此相关的"社会责任理论"，主要指自律。这种职业共同体内的自我规范和相互监督，与中国在用到"社会责任"一词时，通常指"天下兴亡，匹夫有责"式的对外承担社会义务，是很不相同的。对于当下的中国媒体来说，媒介伦理意味着一种道德自律，反之自律是一种道德审视，更是一种伦理精神，它强调的是自愿，体现的是一种境界。没有权利的享有与精神的自由这种伦理前提，便谈不上道德的自律。①

　　媒介伦理在国内一直是一个相对边缘的话题，这其中的原因众多，但是在这个社会深度变革、媒介技术层出不穷的时代，我们对于这个议题的沉默或所言甚少，实则是对自身的一种迷茫和无知。伦理本身是一种道德规范，是对我们当下这个时代的一种规范性认知，尽管它仅仅是从道德层面批评和认识媒介行为，但是也可以从一定程度上廓清专业的边界，这其中必然包含着社会层面的共识、价值标准、精神向度。不幸的是，当我们在滔滔不绝地论述着媒介技术所带来的各种可能，以及它所创造的各种美好时，恰恰是我们有意无意地将那些负面影响屏蔽掉，或是暂时将其束之高阁。我们一方面无法找到解决新媒体中如何进行自我约束的重要角度和主要方法，面临着伦理上的自身困境；另一方面又在制度性力量的左右之下不能运用专业价值体系真正面对问题之本。这种两难困境使得当下的媒介伦理问题始终

① 郭镇之：《公民参与时代的新闻专业主义与媒介伦理：中国的问题》，《国际新闻界》2014年第6期。

处在随时随地发生的风险境地之中。

对难民的新闻报道是 2016 年的一个热点。各介质的媒体采用极为不同的方式来传递新闻信息、表达关注姿态，更重要的是期待引起情感共鸣，这才有可能寻找解决的路径。如果从这个角度来说，VR技术无疑是一种最佳的技术选择，因为它可以让观众身临其境地看到新闻发生的现场。但是当我们面对一个 5 岁小男孩在偷渡中溺死并停尸海滩的新闻，所有拥有 VR 技术的媒体却选择了放弃使用虚拟现实技术。这是因为媒体的伦理共识非常明确——媒体不应该重现死亡，这是对死者最基本的尊重，也是新闻所应秉持的基本伦理尺度。但是媒介技术的伦理边界究竟在哪里？这不仅是一个理论问题，更是一个实践问题。著名媒介学者、美国伊里诺伊大学香槟分校的克理福德·G. 克利斯琴斯（Clifford. G. Christians）教授将真实（truth）、人类尊严（human dignity）和非暴力（non-violence）视为全球化视野下媒介伦理最核心的三大理念。在虚拟技术、大数据等一些以技术为导向的新闻成为主流的报道方式时，媒介技术的伦理风险也就会随之增大。如有学者认为 AR 技术剥夺人们的想象力，窄化人们对现实的感知空间，用局部替代全景，用图像固化和局限事物的丰富内涵，形成对传播意图的偏离和传播效果的异化。[1] VR 新闻在它貌似全面、客观和真实的呈现背后有着更多的人为建构，因此对受众可能有更大的操纵性甚至欺骗性。[2] 在技术逻辑背后的核心理念已将原先的受众转为用户，尽管在实践操作层面这种认识本身没有错误，但是对于新闻报道来说其本身的核心价值与商业需求之间存在着不可逾越的鸿沟，在某些时候甚至会成为一种对抗性的力量。"相比于客观性所要求的技术真实，新闻中的真实（truth）意味着充分和可信，其意义更为丰富。优秀的新闻记者理解他们所报道对象的态度、文化和语言，因而能够对潜藏的问题进行深入的细描。致力于为公众提供充分信息的记者会报道那

---

① 王依乔、张淑华：《增强现实技术的传播应用及挑战》，《郑州大学学报》（哲学社会科学版）2017 年第 1 期。

② 邓建国：《时空征服和感知重组——虚拟现实新闻的技术源起及伦理风险》，《新闻记者》2016 第 5 期。

些潜藏的问题和困惑，从而使得不同社群能够建设性地解决这些问题。新闻不仅是数据的客观传输，而是知识的生产。新闻不仅是现实的镜像，更是对事件的出色阐释。作为"真相的披露"的真实应该成为世界不同媒介组织和社交媒体网络的准则。[①]

当前，媒介技术在被使用的过程中，已经表现出被操作、被利用的端倪，而所谓的"真实"又在新闻核心价值观的掩护下变得合情合理，我们在追求新闻更完美的表达方式、更符合新闻本质传播方式的过程中却不自觉地陷入了人类自我的陷阱中。媒介伦理必须是在现实的社会环境下运行的，所以在实践层面就包含了"本土化"的内涵，它从行动逻辑上指向了自我价值体系坐标的建立。中国社会正处于极速转型的发展期，其中最令人唏嘘的就是道德标准的混乱，它所引发的深层次问题已不仅仅涉及道德本身，而是触及了整个社会的方方面面。从这个角度看，技术的伦理风险并不仅仅关系技术本身。中国新闻界在技术的探索中最为迫切的是急需建构自我的媒介伦理价值体系，它不仅可以解决我们在实践中的道德困惑，也会使我们在传播国际化的发展趋势中构建我们的认知标准，走出伦理理性"去西方化"的固有模式，这样才会在媒介技术的实践中降低风险，确立正确的发展路径。

媒介伦理本身是一个非常复杂的问题，选取什么样的认识角度决定了我们对于其中各要素的判断。理论层面的探讨也会随着媒介技术的应用而变得更加丰富，它给我们带来的警醒也势必会成为媒介技术伦理急需反思的重要议题之一。

面对层出不穷的新媒介技术，电视新闻已没有无视它的空间与可能性。在技术的时代，电视新闻在技术与内容的双向互动中，必须让彼此成为相互的支撑，在这种互动中构建两者匹配的行动路径和思维方式。在我们人类所有的经验中，"技术服务于新闻，而不是新闻服务于技术"始终被视为最基本的准则，事实上，这种本体之争，其本

---

① 甘丽华、［美］克利福德·克里斯琴斯：《全球媒介伦理及技术化时代的挑战——克利福德·克里斯琴斯学术访谈》，《新闻记者》2015 年第 7 期。

质仍是将人置于最核心的位置。而我们对于媒介技术讨论的根本其实就在于要廓清技术与人之间的关系。

三 我们将如何面对电视新闻的未来？

在这个媒介技术急速发展的时代，媒介内容的生产无疑映射了媒介更迭的时代特征和媒介技术逻辑演进的内在秩序与结构。所以无论我们是从何种角度审视、探讨媒介内容，都无法将其从媒介技术的宏观框架中抽离出来。然而面对新媒体所带来的新的媒介格局与应用环境，电视内容的制作、创新都变得毫不轻松。近年来，对于电视新闻的未来不论是实践界还是理论界都充满了迷茫，甚至一些人认为电视新闻将没有未来可言。这种说法在一定程度上反映了电视新闻生产的内在焦虑。

电视新闻正处在变革的十字路口，它将面临的主要问题可能不仅是向何处去，更需要回答的是"我是谁"的问题。身份问题疑惑的表面可能会带着鲜明的技术标签，但是它的本质仍将回归于"人"。在所有技术的背后是人的情感、价值、思想与需求，这一问题的本质也就转化成了技术应能够最大限度地体现电视新闻本身所具有的人文精神。从这个层面来看，电视新闻的发展绝非简单的技术问题，面对层出不穷的新技术，电视新闻需要调整和变革的应是它将如何体现这个时代，如何与人的内心建立新的关联。

对于电视新闻的未来我们可以从两个层面来理解：一是电视新闻的外在形态将会发生怎样的变化；二是电视新闻的内涵将会有什么样的变化。当这两个问题找到答案，其实就解决了电视新闻在当下媒介变局中的身份问题。媒介融合的发展趋势正在逐步地打破媒介的技术壁垒，它一方面将媒介技术的优势进行整合，在功能上进行互补以及内容资源的分享与共用，同时也在发展中生发新的技术带动力，从而使更多的受众获取技术的红利；另一方面，这种技术状态正在向社会形态转变，它以一种融合的样式渗透于人们的日常生活中，也就使原本处于一个价值层面的内容发生了内涵上的变化，这种内容上的多元化其本质最终仍将指向人的需求。从这个角度来看，电视新闻内容的价值指向和追求就成为它发展的关键要素。

电视新闻在新媒介环境中的重新出发，起点是对新闻内涵的深入探析和广泛拓展。事实上，新的媒介技术所带来的不仅是媒介格局的变化，更会引发新闻本体的变革，这种内涵与外延的拓展必将与时代发展紧密相连。对于新闻本身来说，我们不应忧虑它是否会沉沦于技术的勃兴，而应清醒地认识到，外在形式的变革激发了新闻的内在活力。在此危机与机遇并存的新时代，电视新闻人应着重思考：新闻应如何成为社会生活的重要组成部分？抑或说新闻在当下该如何直抵人心？所以说，在这场变革中，技术、传受关系、传播环境的改变均为外在，应时而变、价值卓越的内容才是经久不衰的内核。

参 考 文 献

［1］［美］迈克尔·埃默里，埃德温·埃默里，南希·L. 罗伯茨：《美国新闻史——大众传播媒介解释史》（第九版），展江译，中国人民大学出版社 2004 年版。

［2］李彬：《全球新闻传播史（公元 1500—2000 年）》，清华大学出版社 2005 年版。

［3］程曼丽：《外国新闻传播史导论》，复旦大学出版社 2007 年版。

［4］［美］E. M. 罗杰斯：《传播学史——一种传记式的方法》，殷晓蓉译，上海译文出版社 2005 年版。

［5］［美］罗杰·菲德勒：《媒介形态变化——认识新媒介》，明安香译，华夏出版社 2000 年版。

［6］［英］丹尼斯·麦奎尔：《麦奎尔大众传播理论》（第四版），崔保国、李琨译，清华大学出版社 2006 年版。

［7］［英］奥利弗·博伊德–巴雷特、克里斯·牛博尔德：《媒介研究的进路》，汪凯、刘晓红译，新华出版社 2004 年版。

［8］鲁曙明、洪浚浩主编：《传播学》，中国人民大学出版社 2007 年版。

［9］［美］哈罗德·拉斯韦尔：《社会传播的结构与功能》，何道宽译，中国传媒大学出版社 2015 年第版。

［10］［美］沃纳·赛佛林、小詹姆斯·坦卡德：《传播理论：起源、方法与应用》，郭镇之等译，华夏出版社 2000 年版。

［11］E. M. 罗杰斯：《创新的扩散》（第四版），辛欣译，中央编译出版社 2002 年版。

［12］［美］约翰·帕夫利克：《新媒体技术——文化和商业前景》（第二版），周勇、张平锋、景刚译，清华大学出版社 2005 年版。

［13］［英］尼克·库尔德利：《媒介、社会与世界：社会理论与数字媒介实践》，何道宽译，复旦大学出版社 2014 年版。

［14］［美］比尔·科瓦奇，汤姆·罗森斯蒂尔：《真相——信息超载时代如何知道该相信什么》，陆佳怡、孙志刚译，中国人民大学出版社 2014 年版。

［15］［美］赫伯特·甘斯：《什么在决定新闻——对 CBS 晚间新闻、NBC 夜间新闻、〈新闻周刊〉及〈时代〉周刊的研究》，石琳、李红涛译，2009 年第 1 版。

［16］［美］迈克尔·舒德森：《新闻的力量》，刘艺娉译，华夏出版社 2011 年版。

［17］［美］杰克·富勒：《信息时代的新闻价值观》，展江译，新华出版社 1999 年版。

［18］［英］约翰·B. 汤普森：《意识形态与现代文化》，高铦译，译林出版社 2012 年版。

［19］［加］罗伯特·哈克特、赵月枝：《维系民主？西方政治与新闻客观性》，沈荟、周雨译，清华大学出版社 2010 年版。

［20］陆晔、赵民：《当代广播电视概论》（第二版），复旦大学出版社 2014 年版。

［21］岳淼：《中国电视新闻节目发展史研究（1958—2008）》，厦门大学出版社 2009 年版。

［21］陈虹等：《电视节目形态：创新的观点》，复旦大学出版社 2013 年版。

［22］黄瑚《中国新闻事业发展史》，复旦大学出版社 2004 年版。

［23］杨仁忠：《公共领域论》，人民出版社 2009 年版。

［24］刘习良主编：《中国电视史》，中国广播电视出版社 2007 年版。

［25］［美］肯·梅茨勒：《创造性的采访》（第三版），李丽颖译，中国人民大学出版社 2004 年版。

［26］赵淑萍：《广播电视新闻采访与写作》，北京师范大学出版社 2006 年版。

［27］［美］詹姆斯·罗尔：《媒介、传播、文化 ——一个全球性的途径》，董洪川译，商务印书馆 2012 年版。

［28］［美］约翰·费克斯：《理解大众文化》，王晓珏、宋伟杰译，中央编译出版社 2006 年版。

［29］丁晓萍、戴永明：《新闻采访与写作》，上海人民出版社 2005 年版。

［30］［英］安东尼吉登斯：《现代性的后果》，田禾译，译林出版社 2011 年版。

后　记

　　2017 年是我进入高校的第十个年头。十三年前，怀着对新闻职业的热爱、带着对这份职业的困惑以及解答新闻业转型中诸多问题的急切，我重新开始了自己的求学之路。强烈的问题意识趋使我努力在理论与实践中寻找两者之间恰当的联系，也使我在多年的记者身份之外融入了作为一个新闻研究者的自觉。那时我把这种经历称为我职业生涯中的一次"出走"。非常幸运的是，毕业后我有幸进入高校从事新闻教育工作，可以将对新闻的思考以更为长久的方式和专业的姿态延续下去，彼时对理论与实践之间的观照，也成为我日后学术旨趣的心灵安顿。十年的媒体经历、十年的高校新闻教学工作，让我对新闻的热爱在岁月的积淀中变得更加深沉和厚重。

　　对于从事新闻职业的人来说，有人将这个媒介技术占主导性的时代称之为"最好的时代，也是最坏的时代"。无疑，在这个媒介技术迅猛发展的时代充满了各种机遇、挑战和变革，它给传媒业带来的震荡，冲击着深处其中的每一个人。虽然我已离开了新闻实践的一线，但是对这种变革的感同身受让我始终无法回避与它的主动对话，以及对这场变革的反思。近年来，我从媒介技术的视角出发，将关注的焦点集中于新闻内容生产方式、表达的变革上，进行了动态式的研究。这种研究的价值在于它充分体现出新闻实务研究时效性强的特点，又可以显现出为实践提供思想动力和理论支撑的温度和效度。然而这种研究对研究者本身的弊端也是显而易见的，在学术研究的传统观念中，新闻实务研究往往无法与理论研究比肩，而只能沦为新闻研究的次类。这就涉及到一个重要的学术问题，就是如何提升新闻实务研究的理论深度和学术价值，使其走出自身的研究困境。这本著作可以说也是我在这方面的一次努力。新闻实务研究不仅仅是做策略性研究，更应从思想、理论的层面建构它的行动方案。所以在这本书中即体现出新闻实务研究应回答"怎样做"，更突出了实务研究需要回答"为什么做"这样的深层动因。由此，将这一研究置于了社会、时代发展的宏大架构中，显现出新闻实务研究内在的学术张力。

时光飞逝，我未曾想到自己当年的转行会成为如今新闻业的一个主流趋势，大批传统媒体人的离职，让人感到媒介技术变革的冰冷一面。但是今天，我看到那些曾经的同事，那些仍在传统媒体坚守的新闻人，他们依然秉持着专业的态度、责任、热情和使命感面对着各种变革和不可知的未来，他们所散发出的温度，让我内心充满了深深的敬佩和感动。在这个变动不居的时代，某个人的忠诚并不能改变职业发展的未来，但是我们需要在这种变动中寻找到新闻业持久的价值，而他们身上体现出的正是新闻业最核心的价值、最可贵的精神和最长久的动力，这恰恰也是我书中所要表达的思想。

完成这本书稿时，已又是一个春暖花开的明媚春天，亦如我的内心般充满了温暖与感激。特别感谢家人多年来对我的无私关爱和支持，感谢责编宫京蕾女士的辛苦付出，也感谢那些在我职业生涯中曾经帮助过我的人。

对新闻的情感，始终萦绕心间。在内心，依然有一种力量的牵引，无论走多远，其实都未曾离开。

张原

2017 年 3 月于太原